応援できるのです。オリンピックでの会場全体の一体感を感じた方も多いのではないでしょうか。

　実際にスケートボードをやってみれば感じると思いますが、この一体感が新たなチャレンジを後押ししてくれるのです。それも相まって、トリックをメイクできたときの喜びはひとしおです。

スケートボードのスタイルがいつしかライフスタイルに

　スケートボードには、様々なスタイルがあります。単にスピードを出して軽快

に滑るだけでも気持ちのいいものです。それに加えて、身の回りの物に飛び乗ったり、空中高くに飛び出したり、人それぞれ好みは違うと思いますが、カッコいいと思える瞬間が必ずあることと思います。

　「もし自分がそれをできたら」と感じたら、そのときがスケートボードを始めるタイミングです。スケートボードには何の制限もルールもありません。始める年齢も関係ありません。あなた自身のス

スケートボードは
日本人に向いている!?
誰でもどんなスタイルでも
いつからでも楽しめる!!

2020東京オリンピックでは、多くの日本人スケーターが活躍してくれました。これは、オリンピックに始まったことでなく、それまでの様々なコンテストでも同じです。

オリンピックでも採用された「ストリート」や「パーク」という種目のコンテストでは、トリックの難易度と同時に、オリジナリティ、完成度、全体を通じたスケーターのスタイルなどが評価されます。とくに、難易度の高いトリックに挑戦して完成度を高めるためには、何度も反復してコツをつかんでいくという地道な努力が必要です。この点においては、何事もきっちりやる日本人の気質に合ったスポーツと言えるのかと思います。

オリンピック効果による
若年層の増加と彼らへの期待

現在、世界で活躍しているトップスケーターたちの多くは、子どもの頃からスケートボードに親しんできたのも事実です。その影響もあってか、最近では4〜5歳からスケートボードを始める子どもも多く見られます。

確かに幼少期から始めることで、バランス感覚や体の使い方などが自然に身につくというメリットがあります。親御さんに連れられて練習する子どもたちを見ると、その将来の姿を想像してわくわくします。

オリンピックで幾つものメダルを獲得しましたが、スケートボードにはまだ多くの可能性が残されています。日本人スケーターのコンテストでの活躍は皆さんもご存知の通りですが、映像などのビデオシーンなどでは日本人スケーターの露出は少なく、スケートボード全体でみるとまだまだ発展途上です。これからの世代に大きな期待を寄せずにはいられません。

始める年齢は関係ない。
誰でもいつからでも楽しめる

　競技に偏った話をしてきましたが、スケートボードの魅力はコンテストの優勝だけではありません。実際、コンテストなどにはあまり参加せずに自分のスタイルを楽しんでいるプロスケーターも多く

います。

　スケートボードはいつ始めても遅くありません。年齢に関係なく楽しめるのがスケートボードの魅力なのです。自分のライフスタイルとして、幅広い年代で楽しむことができます。

　とにかく楽しんで好きになる。それが、上達への近道と言えます。

CONTENTS

コツが身につく

スケートボード

6

PART 2

最初に身につける
スケートボードの
知識と基本動作

TOY
MACHINE

PART 3

オーリーを身につければ スケートボードの幅がグンと広がる

PART 4

レッジトリック
に挑戦すれば
スケートボードが
さらに楽しくなる

CONTENTS

PART 5

自分のスタイル
に合った
応用トリックに
挑戦してみよう！

PART 6

ランプに挑戦してみよう！

本書の見方

本書では、著者・赤熊寛敬プロの動画サイトと連動して、スケートボードの基本からトリックまでを項目ごとに写真で紹介しています。

■スキル紹介ページ

修得に重要となるポイントを紹介

実際のトリックのイメージを連続写真で紹介

このトリックのスタンスを解説

各ポイントを解説

■動画でチェック!!

トリック紹介ページのQRを読み込むか、記載のURLで紹介されているトリックを動画で確認でき、さらに詳しい解説を視聴できます。もしくは、Youtubeサイトにて、「くまトレ」と検索してトップページから該当トリックを選択することも可能です。

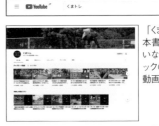
「くまトレ」では、本書で紹介していない応用トリックのHow to 動画も配信。

※くまトレの解説では、一部、本書とは異なる表記が含まれています。

PART 1

スケートボードの魅力と競技の楽しみ方

コツさえつかめば上達できる。
カッコよくて楽しい
ライフスタイルを築き上げよう

一度、スケートボードの楽しさを知ると
誰もがその魅力に取り憑かれてしまう。
それは、スケートボードが非常にポジティブな
側面を持ったスポーツだからだ。

スケートボードは見ていてカッコいい、でもやってみると難しい、転ぶとケガをしそうで怖いと感じる方も多いと思います。

スケートボードに正解はない。答えを出すのは人それぞれ

確かに最初はただスケートボードに乗るだけでも難しいかも知れません。しかし、それを克服することで、その喜びや達成感も大きくなるのです。

そこで大切なのが「自分の感覚」です。スケートボードに正解はありません。上達する一つひとつの過程において、自分の感覚が大切になります。

くり返し練習するなかで、試行錯誤しながら「これが正解なのかな？」と感じ始めたところで「やりたい気持ち」

が強くなります。そうしていくうちに、自分なりの「コツ」がつかめるのです。

コツさえつかめれば、そのトリックの修得は時間の問題です。練習して考えた分だけ、修得したときの喜びも大きくなります。

「痛い」、「怖い」という気持ちがさらなる上達につながる

トリックを修得する上で、転倒は必

●スケートボードのポジティブスパイラル

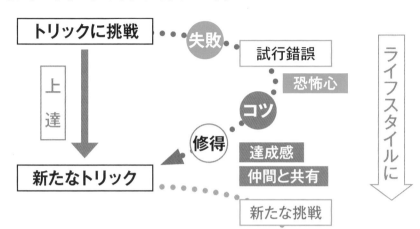

トリックに挑戦 ‥‥‥ **失敗** ‥‥

試行錯誤

恐怖心

コツ

上達

修得

達成感

仲間と共有

新たなトリック ‥‥‥‥‥

新たな挑戦

ライフスタイルに

須です。なかにはケガをする人もいることでしょう。もちろん、誰もが転倒もケガもしたくないので、恐怖心を抱くのは当然です。

　しかし、そのリスクがあるぶん「やりたい気持ち」も強くなり、コツをつかめるようになるとも言えます。苦労して得た結果だけに喜びも大きくなり、さらにスケートボードにのめり込んでしまうのです。

スケートボードでカッコいいライフスタイルが実現できる!!

　スケートボードは単なる競技ではなく、自分の「アイデア」を駆使して、それを「行動」に移し、「自己表現」をする場でもあります。

　次々と目の前に現れるカベを乗り越えるために自分の限界に挑むことで、大きな達成感を得ることができます。さらにそれを仲間と共有できるのがスケートボードなのです。これがスケートボードの最大の魅力です。

　このようにスケートボードが生活の一部となれば、それが「ライフスタイル」になります。始める年齢なんて関係ありません。より多くの方々がスケートボードを生涯スポーツとして、カッコよく楽しいライフスタイルを築き、長く続けていっていただきたいと思います。

ルールなんて存在しない。
やりたい気持ちが芽生えたら
すぐに挑戦してみよう!!

スケートボードは用具（ギア）さえあれば、すぐにでも始められるスポーツだ。
「カッコいい」、「やってみたい」と思ったら、誰もがその日からスケーターになれる。

スケートボードに決まったルールはありません。スケートボードの「スタイル」とは、自己表現を意味します。それだけに、自分がどんな「スタイル」を目標に練習するかも人それぞれです。

スタイルは無限にある。
自分のスタイルを追求しよう

オリンピックには、「ストリート」と「パーク」という種目が採用されましたが、それ以外にもスケートボードには様々なジャンルがあります。これら2つに加えて、フリースタイル（フラット）、スラローム、ダウンヒル、ロングボードなどがあり、どれに魅力を感じるかも人それぞれ異なります。

さらに、それぞれの種目のなかで、様々なスタイルがあります。大まかな

スタイルとしては、スピードを追求するスタイル、トリックの完成度を追求するスタイルなどがありますが、例えば後者のなかにもステア（P.24参照）のみを追求するスタイルなど、スケーターが10人いれば、10者10様のスタイルがあるのです。

●スケートボードの競技種目とスタイル

種　目
ストリート
パーク
フリースタイル
スラローム
ダウンヒル
ロングボード
その他

種目 × スタイル ＝ 無限大

「憧れ＝楽しい」とは限らない。どの道を選ぶかは自分次第‼

　この多種多様な選択肢の中から、自分のスタイルをどう決めるのか。入り口は「カッコいい」と思う憧れからでいいでしょう。

　ただし、必ずしも「憧れ＝楽しい」わけではありません。自分がやりたいと思っても、そのスタイルが自分に合っているとは限りません。

　憧れとは別に、やっていて楽しいスタイルを選択するというのも向き合い方の一つとして間違いではありません。それを突き詰めていくことで「自分の

スタイル」ができるはずです。

　これが「スケートボードにルールはない」と言われる理由です。読者の皆さんも、まずは色々なものにチャレンジして、自分のスタイルを築き上げていってください。

基本トリックさえ身につけば あとは自分のアイデアで どうアレンジしても構わない

スケートボードのトリックは無限に存在する。自分に合うトリックもあれば、
身につけるのに時間がかかるトリックもある。そのスタイルを選ぶのも自分自身だ。

　スケートボードには様々なトリックがあります。あまりにもたくさんあり過ぎて、最初は名前を覚えるのも大変かも知れません。まずはトリックのネーミングの基本を覚えておくと、どのようなトリックであるかが想像しやすくなります。

まずはスケートボードに乗って滑れるようになること

　まず最初に基本スタンスとして、レギュラースタンスとグーフィースタンスがあります。
　これは、進行方向に対して左右どちらを向いて立つかの違いで、自分がしっくりくるスタンスで立てばどちらでも問題ありません。
　これをメインスタンスとして、その

進行方向に向かって左肩が前になるように立つのを「レギュラースタンス」、その逆を「グーフィースタンス」と呼ぶ。また、板への足の乗せ方もスタンスと呼んでいる

逆方向に進むこと、つまりテール方向に進むことを「フェーキー」と呼びます。
　これは単純に進行方向だけでなく、障害物（セクション）に入るときに、どの向きで入るか、抜けるときにどの向きで抜けるかで、トリックの難易度にも関係します。

同じトリックでもFSとBSで
やりやすさや難易度が変わる

　スケートボードでは、進行方向に対してお腹側をフロントサイド（FS）、背中側をバックサイド（BS）と呼びます。

　体をターンさせるトリックでは、自分のお腹側を進行方向に向けてターンするトリックの名前にはFS、進行方向に背中を向けるものにはBSが入ります。

　単純にターンの方向が逆になるだけで、トリックによってはかなり難易度が異なります。また、人によってやりやすいサイドが異なる場合もあります。

同じトリック（この場合「テールスライド」）でも、アウトの方法によって難易度が変わる。レギュラースタンスでアウトするメインアウト（写真左下）とフェーキーアウト（写真右下）

全てのトリックの基本となる
最初に身につけるべきトリック

　トリックを修得するうえで、身につけておきたい基本トリックがいくつかあります。最初に「チックタック（P.44参照）」、「エンドオーバー（P.46参照）」、「テールマニュアル（P.48参照）」などで、基本的なデッキコントロールを覚えておくといいでしょう。

　次にもっとも代表的なトリックとして「オーリー（P.49参照）」があります。オーリーは、テールを地面に向かって弾いて、板を跳ね上げるトリックです。

　オーリーと組み合わせたトリックなどには、トリック名の最初に、弾けるという意味の「ポップ」とつけられていることもあります。

　オーリーができるようになると、物を飛び越えたり、物に飛び乗ったりできるようになります。また、縁石や段差などを使ったレッジトリック（P.77参照）などをやりたいのであれば、オーリーの修得は必須です。

レッジやランプでのトリックについても知っておこう

　レッジトリックやランプトリック（P.123参照）では、段差の角にどのように板をかけたり、滑らせたりするか

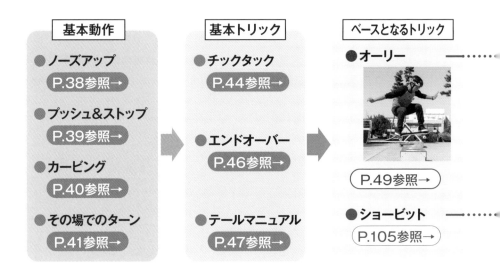

基本動作	基本トリック	ベースとなるトリック
● ノーズアップ P.38参照→	● チックタック P.44参照→	● オーリー P.49参照→
● プッシュ＆ストップ P.39参照→	● エンドオーバー P.46参照→	
● カービング P.40参照→		● ショービット P.105参照→
● その場でのターン P.41参照→	● テールマニュアル P.47参照→	

でネーミングが決まります。

　トラック（ウィールのついている金属部分）を角に当てて滑らせるトリックを「グラインド」と呼びます。前輪と後輪のトラックを両方滑らせるトリックを「50-50（フィフティ・フィフティ）」、どちらか一方のトラックを滑らせるトリックを「5-0（ファイブ・オー）」と呼びます。

　板をかける角度などによって、最初にメイクしたボーダーの名前などがつけられているトリックもあります。

　トラックではなく、デッキの一部を滑らせるのが「スライド」です。「ノーズスライド」、「テールスライド」、「ボードスライド」、「リップスライド」など、デッキをかける部分が名称に入ります。

　また、デッキを滑らせずにかけるだけの動作を「ロック」と呼び、これも

かける部位によって「ノーズロック」や「テールロック」などと呼ばれています。

様々な方向に板を回転させるのがフリップ系のトリック

　次に、板を左右に回転させるトリックがあります。オーリーをして、空中で板を左右に一回転させるトリックが「フリップ」です。

　オーリーをしなくてもできるトリックに、板を水平方向に回転させる「ショービット（P.105参照）」があります。オーリーをしてのショービットをポップショービットと呼び、背中側に回転させれば「BSポップショービット」、お腹側に回転させれば「FSポップショービット」になります。

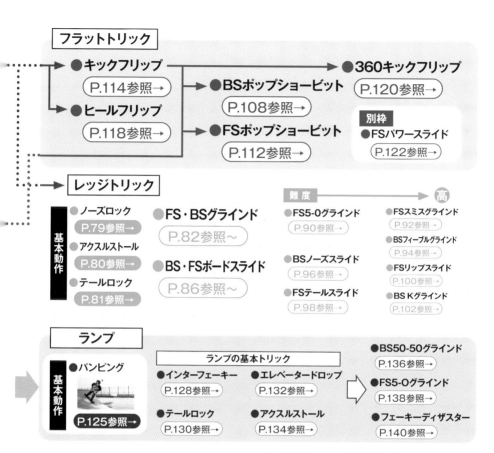

フラットトリック

●キックフリップ （P.114参照→）
●ヒールフリップ （P.118参照→）
●BSポップショービット （P.108参照→）
●FSポップショービット （P.112参照→）
●360キックフリップ （P.120参照→）

別枠
●FSパワースライド （P.122参照→）

レッジトリック

基本動作
●ノーズロック （P.79参照→）
●アクスルストール （P.80参照→）
●テールロック （P.81参照→）

●FS・BSグラインド （P.82参照〜）
●BS・FSボードスライド （P.86参照〜）

難度 [高]
●FS5-0グラインド （P.90参照→）
●BSノーズスライド （P.96参照→）
●FSテールスライド （P.98参照→）

●FSスミスグラインド （P.92参照→）
●BS7フィーブルグラインド （P.94参照→）
●FSリップスライド （P.100参照→）
●BS Kグラインド （P.102参照→）

ランプ

基本動作
●パンピング （P.125参照→）

ランプの基本トリック
●インターフェーキー （P.128参照→）
●テールロック （P.130参照→）
●エレベータードロップ （P.132参照→）
●アクスルストール （P.134参照→）

●BS50-50グラインド （P.136参照→）
●FS5-0グラインド （P.138参照→）
●フェーキーディザスター （P.140参照→）

トリックの数は無限大。オリジナルを作るのも夢じゃない

　トリックによっては、挑戦するには別のトリックができないと修得できないものもあります。いきなりやってみたいトリックに挑戦するのではなく、そのトリックに何が必要となるかを確認して効率よく練習することが大切です。

　本書では、基本的なトリックを中心に解説していますが、他にも数え切れないほどのトリックが存在します。

　そして、それらのトリックの全てにFSとBSがあり、トリックの入り方や抜け方、別のトリックとの組み合わせ、板を回転させる角度などを変えることで、その数は無限とも言えます。

　いつか自分独自のトリックを考え、それをメイクさせることができれば、自分の名前が入ったトリックができる可能性もあるのです。

慣れてきたらコンテストに チャレンジするのも楽しみ

2020東京オリンピックで競技としてのスケートボードも注目されるようになった。 コンテストで刺激を受けるとさらにモチベーションが高まるだろう。

オリンピック種目となって、日本人選手たちが活躍してくれたことで、日本でもようやくスケートボード競技が注目されるようになりました。

オリンピックに採用されたのは、「ストリート」と「パーク」の2種目です。しかし、実際は様々な種類のコンテストが行われています。

ここでは、どのようなコンテストが行われているかを紹介し、オリンピックの「ストリート」と「パーク」を例に、実際にどのようなルールで、どのように採点されているかを解説します。

レベルや種目に合わせて 様々なコンテスト形式がある

スケートボードのコンテストは様々で、コンテストごとに独自のルールや予選が用意されています。

コンテストは、アマチュアのコンテストと、スポンサーなどのサポートを受けているプロが行うプロコンテストの2種類に大きく分かれています。アマチュアのコンテストにおいては、初級

者向けのビギナーコンテストなども開催されています。

タイムを競う種目以外では、通常、どのコンテストにも「ジャム」と「ラン」という形式があります。

「ジャム」は予選に使われることが多く、複数のスケーターが同じコースを同時にライディングする形式です。それに対して、「ラン」では一人ずつライディングを行って技能を評価します。

それぞれ規定時間があり、各種目の採点基準でポイントがつけられます。

アメリカの家庭用プールは通常すり鉢状の形状。ここでエアー系のトリックの練習をしていたのが「パーク」の起源

パーク競技では、プールが複合的に組み合わされた「複合プール」のあるスケートボードパークを会場に行われる

コンテストの種目も豊富。スタイルに合わせて選択できる

コンテストの種目も、オリンピック種目となった「ストリート」や「パーク」を筆頭に、「バーチカル」、「ビッグエアー」、「スラローム」、「ダウンヒル」、「ロングボード」など、様々なものがあります。

●ストリート

ストリートはその名の通り、もともと街中に存在する斜面、縁石、階段、手すりなどを利用して生まれたトリックを競う競技で、それらと同様の構造物（セクション）を使用して、トリックの難易度、完成度、スタイルなどを競います。

オリンピックでは、持ち時間45秒で自由に滑る「ラン方式」と、コース内のセクションを一つ選んで一つのトリックを行う「ベストトリック方式」の

合計ポイントで競われました。ベストトリック方式では、計5回のチャンスが与えられ、点数の高い4回が持ち点に加算されましたが、その回数や持ち時間はコンテストごとに独自に設定されています。

●パーク

パークは、「プール」と呼ばれているすり鉢状のくぼみを組み合わせたコースを利用して、規定時間のライディングでくり出されたトリックのポイントで競う競技です。

もともとは、サーファーたちが海でなくてもサーフィンの感覚が得られるという理由で楽しむようになったのが始まりで、最初は自宅の水を抜いたプールで行われていました。

ストリートが直線的なセクションが中心であるのに対して、パークはアール（曲面）がメインとなります。上部ではほぼ垂直状態になるアールを一気に上って、空中へ飛び出すエアー系の

「ストリート」と「パーク」の観戦のポイント

ストリートでもパークでも、ポイントの取り合いで勝敗が決まるため、トリックの選択、コース全体を使ったトリックのバリエーションなどを楽しむことができる。

コンテストでは、様々なポイント基準が設定されているが、①スピード感、②難易度、③アイデアなど、選手の個性が表れるポイントに着目して競技を観ると楽しめるだろう。

ストリート

ラン方式とベストトリック方式の2つの方式で滑り、その合計点を競う。
●ラン方式…持ち時間45秒で自由に滑り、2回のランの最高点が持ち点になる。
●ベストトリック方式…コース内のセクションを一つ選び、トリックを一つくり出す。5回行い、点数の高い4回が加算される。

観戦のポイント

スケーターのスタイルが出やすいので、その選手が何を得意としているかのスタイルの闘いになることもある。スピード系なのか、テクニカル系なのかなど、スタイルに注目して観るのも楽しいだろう。

最後まで勝敗がわからないのもストリートの魅力。ベストトリックでは、選択するトリックの難易度などから戦略を楽しめる。

パーク

持ち時間45秒でコース内を自由に滑ってトリックやスタイルを競う。2回のランの最高得点で勝敗が決まる。

観戦のポイント

競技を通じてのスタイルの一貫性やトリックの難易度や完成度が観戦ポイント。

大きなミスをすると終わってしまうので、おもに全体を通じての完成度の高さなどに注目すると観戦を楽しめるだろう。

※持ち時間やチャレンジできる回数はコンテストによって異なります。上記の競技時間等は2020東京オリンピックの例

トリックが中心となる競技です。

オリンピックでは、持ち時間45秒でコース内を自由に滑り、3回の最高得点で競われました。

●フリースタイル（フラットランド）

フリースタイルは、通常、フラットな平地で行われる競技です。板を回す、板の上で逆立ちする、板を横に倒して乗る、板を立てて乗る、ダンスのよう

なステップを踏むなど、様々なトリックやステップを競います。

選手が自分で選んだ楽曲に合わせてパフォーマンスを行い、「音楽との調和」、「技の難易度」、「技のつなぎ方」などでポイントを競います。

●バーチカル

バーチカルは通称「バート（Vert）」とも呼ばれ、最上部が垂直の90度とな

る半円（ハーフパイプ）やU字型の構造物（バーチカルランプ）で、おもにエアー系のトリックの難易度や完成度などを競います。12フィート（3.7m）を超える大きなものもあります。

スノーボードのハーフパイプと共通する点も多く、多くのスノーボーダーが夏場の練習として採用していることでも知られています。

●ビッグエアー

ビッグエアー（Big Air）は「メガランプ(Mega Ramp)」と呼ばれる超大型のランプを滑走します。

ビッグエア（通称BA）は、スノーボード、フリースタイルスキー、BMXなどと共に、スケートボードのエクストリームスポーツの競技の一つとして、エックスゲームズ（X Games）にて世界大会が行われていることで知られています。

●スラローム

一列に並べたパイロン(三角コーン)を潜り抜けながら進み、そのタイムを競うのがスラロームです。

ライディング中にパイロンに接触して倒してしまうと1本につき0.2秒のペナルティタイムが加算されます。さらに4本以上倒すと失格(DQ)となります。いかに加速させながら平地を滑るかがポイントとなり、最大の見どころにもなります。

●ダウンヒル

レース用に借り切った峠道をスケートボードで滑り下り、タイムを競うのがダウンヒルです。そのスピードは平均時速60〜70km、トップスピードが90km超えの難度の高いコースもあります。

4人もしくは6人が1ヒートとなり、高スピードでの操作性に優れたダウンヒル用のデッキやトラック、加速性に優れた大きなウィールを使用します。

また、選手はフルフェースのヘルメットや専用レザースーツを着用するなど、独自のスタイルで行われます。

●ロングボード

ロングボードには「ダンシング（ステップ）」と「フリースタイル」の2種類があります。女性や子どもたちには、音楽に合わせたダンシングステップが人気があります。

フリースタイルには、手で行うトリックがあり、ビッグスピンなどのトリックやダンシングステップを組み合わせてコンボを組んでいくのがフリースタイルです。

このように、自分のスタイルに合った競技や種目でコンテストに参加したり、カッコいいと思った種目に挑戦したりすることができるのもスケートボードの魅力です。

トリックを練習するには スケートボードパークが最適

ここでは本書で紹介するトリックで使用するセクション（障害物など）を中心に、ストリート競技でも使用されているおもなセクションを紹介しよう。

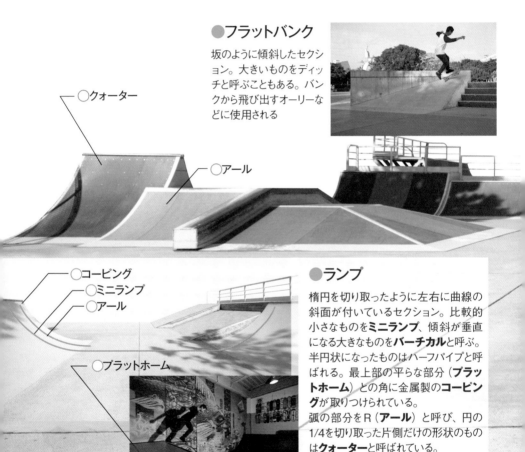

●フラットバンク

坂のように傾斜したセクション。大きいものをディッチと呼ぶこともある。バンクから飛び出すオーリーなどに使用される

○クォーター

○アール

○コーピング
○ミニランプ
○アール

○プラットホーム

●ランプ

楕円を切り取ったように左右に曲線の斜面が付いているセクション。比較的小さなものを**ミニランプ**、傾斜が垂直になる大きなものを**バーチカル**と呼ぶ。半円状になったものはハーフパイプと呼ばれる。最上部の平らな部分（**プラットホーム**）との角に金属製の**コーピング**が取りつけられている。

弧の部分をR（**アール**）と呼び、円の1/4を切り取った片側だけの形状のものは**クォーター**と呼ばれている。

屋外パークでは劣化が激しいため、室内のインドアランプを使用する人も多い

スケートボードのトリックを練習するなら、やはりスケートボードパークに行くのがいちばんです。

パークには、様々なセクション（障害物など）があり、自由に使うことができます。周囲に迷惑をかけずに、思う存分、練習をすることができます。

また、パークでは他のスケーターたちも練習しているため、トリックをメイクした喜びを分かち合うことができます。コミュニケーションを通じて、新しいスケートボード仲間ができることでしょう。

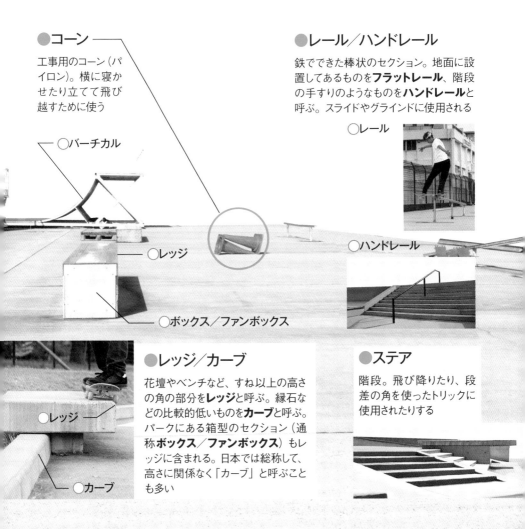

●コーン

工事用のコーン（パイロン）。横に寝かせたり立てて飛び越すために使う

○バーチカル

○レッジ

○ボックス／ファンボックス

●レール／ハンドレール

鉄でできた棒状のセクション。地面に設置してあるものを**フラットレール**、階段の手すりのようなものを**ハンドレール**と呼ぶ。スライドやグラインドに使用される

○レール

○ハンドレール

●レッジ／カーブ

花壇やベンチなど、すね以上の高さの角の部分を**レッジ**と呼ぶ。縁石などの比較的低いものを**カーブ**と呼ぶ。パークにある箱型のセクション（通称**ボックス／ファンボックス**）もレッジに含まれる。日本では総称して、高さに関係なく「カーブ」と呼ぶことも多い

○レッジ

○カーブ

●ステア

階段。飛び降りたり、段差の角を使ったトリックに使用されたりする

競技や大会に出なくても
誰でもストリートで楽しめる

**ギアさえあればどこででも楽しめるのがスケートボードのメリット。
しかし、パークに行けば練習のバリエーションも増え仲間もできる。**

スケートボードは、コンテストに出なくても楽しめるスポーツです。多くのスポーツが、練習を重ねたうえで、試合や大会に出場するのを目的としているのに対して、スケートボードは自分のスキルアップを感じるだけでも楽しむことができるのも魅力です。

スケートボードパークなら
思いっ切り練習できる

基本的なトリックさえ身につけてしまえば、あとは自分のアイデアや滑り方次第で、どんなスタイルを目指していくかも自由です。そして、そのバリエーションも無限にあると言えるでしょう。

基本的な練習であれば、自宅の周りで行うのも可能です。しかし、街中で練習する場合は歩行者などの周囲の安全を確認して、社会的なモラルを守って行うことが不可欠です。

それを考えると、安全に思う存分練習したいのであれば、様々なセクションがあり、周囲にも迷惑のかからないスケートボードパークに行くのがいいでしょう。

スケートボードパークには、皆さん同様、スケートボードに魅了された仲間がたくさんいることでしょう。そして、トリックをメイクすれば、自分のことのように喜んでくれるはずです。そんな仲間の存在も上達への一助になると信じています。

最初に身につける
スケートボードの
知識と基本動作

スケートボードに慣れて
基本トリックを身につけよう

本章では、スケートボードの最初の一歩を
解説しよう。
板を買う前に知っておきたい板の選び方、
板を買った後に最初に身につけなければ
ならない基本動作。
将来、様々なトリックを修得するうえで
必要になる基本トリックを身につけていこう。

スケートボードを始めるに当たって、最初からカッコいいトリックを練習してもなかなかうまくいきません。まずは基本を身につけることが大切です。

その際に、色々なスケートボード用語が出てきます。特にスケートボードの各部の名称を知らないと、何について話しているのかが分からなくなってしまいます。

次に、板の基本的な取り回しです。板に乗って滑る、止まる、曲がる、ターンするなどの動作に慣れ、様々なトリックの基本となるトリックを身につけましょう。

ギアの基本

　用具の名称を覚え、形状や種類による特性などを知ることで、自分の
スタイルや目的に合ったセッティングがどのようなものかが理解できます。
　最初は何が自分に合うか分からなくても、慣れてきたときに何をどう調整
すればいいかが分かるようになります。

板の基本的な取り回し

　最初に基本スタンスを決め、次に足でこいで進めるようにならないと全
ては始まりません。その次に止まること、そして曲がったり、ターンしたりす
るときの体の使い方を覚えましょう。
　大事なのは体の軸を作ることです。全てのトリックにおいて体の軸が非
常に重要なポイントになるため、変な癖をつけないことが大切です。

基本3トリックを身につける

　本章で紹介する3つの基本トリックでは、これから様々なトリックを身に
つけるうえでの基本となるバランス能力や体の使い方が必要になります。
　何となくできるようになるだけではなく、正しい姿勢で綺麗にできるよう
にしておくことが大切です。

スケートボードを始める前に
知っておきたい基礎知識

これから何かと必要になってくるスケートボードの各部の名称を覚えよう。

　本書を読み進める前に、まずはスケートボードの各部の名称を覚えておきましょう。これらの名称は、解説やボーダー間の会話の中にもよく出て来るので、最初にしっかり覚えておくようにしましょう。

　本書では、スケートボード全体を「板」、足が乗っている部分を「デッキ」と表記していますが、実際はその限りではありません。

板の各部の名称

❷トラック

マウントボルト（ビス）

前後のトラックはそれぞれ4つのトラックピンでデッキに固定されている。スタンスを作るときの目安にもなる。

●ノーズ

板の先端の斜めに傾斜した部分。後方のテールよりも少し長く、形状も異なる。

グリップテープ

デッキの表面には、シューズが滑らないにようにするためのグリップテープを貼る。

❶デッキ

ベアリング

ウィールの中央には、回転をスムーズにするベアリングを取り付ける。ベアリングが壊れると滑れなくなるので、壊れにくいものを選び、予備を持っておくとよい。

●テール

板の後方の斜めに傾斜した部分。

❸ウィール

キック

テールの傾斜部分。キック（傾斜角度）はデッキによって異なり、これによって板の特性も変わる。

自分に合ったギアを選ぼう

ギア選びもスケートボードの楽しみの一つ。自分に合った板を作っていこう。

　スケートボードのショップに行くと、多くの場合、デッキ、トラック、ウィールなどが別々に売られています。

　初心者の場合は、すでに組み上げられた板（アセンブル）を購入してもいいかも知れませんが、店員さんなどに相談して、自分に合った板を作り上げていくと楽しみがさらに広がります。

❶デッキ

　デッキには大きい、小さい、太い、細いなどによって、様々な特性があります。幅が細くなるほどフリップなどの横回転がやりやすく、太くなるほどスピードを出したときやランプでの安定感が高くなります。

　長さに関しては、自分の身長に合わせて選ぶといいでしょう。子どもの場合は、重くても難しいのでキッズデッキがおすすめです。

　メーカーによってキックの高さ、上がり方、上がり具合が異なります。キックの形状によって、テールと地面との距離が変わるため、テールを弾いたときの板の立ち方が変わります。

　また、テールを弾くときに、キックの角度が急（キックが強い）だと重く感じ、なだらかだと軽く感じるため力がなくても弾きやすくなるなどの特性も変わります。実際に板を踏んでみて、扱いやすいものを選びましょう。

　他にも、デッキ裏面（ソール）のグラフィックも様々です。自分の好みに近づけていくと、デッキ選びがより楽しくなります。

動画で Check!!
ギアの選び方
理想に近づく大事なポイント

https://www.youtube.com/watch?v=HKcxF_73Zg0

❷トラック

トラックは全部同じように見えますが、その形状によってそれぞれ個性があります。

キングピンの角度によって、板の動きが変わります。横から見てキングピンが寝ている方が体重をかけたときにグィーッと回り、ピンが立っているとクイックにクィッと切り返すことができます。ブッシュの軟らかさも様々です。体重が軽い人は軟らかいものに換えると曲がりやすくなります。

トラックの高さには「ロー」と「ハイ」があります。「ロー」だとテールが地面と近くなるため、オーリー（P.49参照）をするときにテールが地面にすぐに当たって軽く感じます。一方、「ハイ」の方がテールを当てたときに、板が上がってくる角度が高くなるメリットがあります。

「ロー」にした場合、曲がるときにウィールがデッキに当たって止まってしまうデメリットもあるので、その辺りも考慮しなければいけません。

どれが自分に合っているかは、やってみないと

高さ

ブッシュ
キングピン
ハンガー
ピボット

わからないので、最初は友人やショップの店員さんに相談するといいでしょう。

❸ウィール

ウィールの大きさ、太さ、素材、硬さなどはメーカーによっても様々です。硬さは、ソフトとハードの2種類に大きく分けられます。ソフトウィールはあまり音が出ず路面をそれほど選ばないため、

移動用や撮影者用に使っていることが多いようです。トリックには向いていないウィールです。

トリックにはハードウィールが適しています。サイズが大きいほど速く滑れますが、その分、重く、デッキの位置も高くなるため、トリックの操作性は低くなります。ウィールは小さい方が軽く、板の取り回しが楽になり、脚力がなくても板を上げやすくなります。

ウィールの太さは、太い方がグリップが良く、悪い路面での安定性が高くなります。　一方、細いと軽くなります。

滑る環境や自分の体格によってウィールを選ぶといいでしょう。

基本スタンスを決めよう

板を手に入れたら、もっとも基本となるスタンスの向きを決めることから始めよう。

スケートボードのスタンスには、レギュラースタンスとグーフィースタンスの2種類があります。

どのように決めるかに関しては諸説ありますが、個人的には、乗ったときに、しっくり来るスタンスがよいと思います。

本書では、レギュラースタンスで解説しますが、グーフィースタンスの方は左右を反転させて考えていただければと思います。

●レギュラースタンス

レギュラースタンス

前足

進行方向

後ろ足

左足を前にして板に乗るのがレギュラースタンスです。右利きの人に多いと言われることもありますが、全体の割合をを見ると一概にそうとも限りません。

左足（前足）でノーズ、右足（後ろ足）でテールをコントロールします。

動画で Check!!
初めにやるべき3点セット
後に必ず役に立つコト！

https://www.youtube.com/watch?v=S3RPDMdgqkY

●グーフィースタンス

グーフィースタンス

前足

進行方向

後ろ足

　ノーズ側に右足を置き、テール側に左足を置くのがグーフィースタンスです。一般的に、サーフィンやスノーボードなどをグーフィースタンスでやっている人は、スケートボードでもグーフィーで立った方がしっくり来ると思います。

　どちらのスタンスでも、逆走（フェーキー）する場合は逆向きになるので自分と逆の立ち方にも慣れておくといいでしょう。

プロテクターの着用でケガを予防

　スケートボードには転倒は不可避です。慣れる慣れないに関わらず、練習中に何回も転倒することは避けられません。最初にギアを揃えるときに、一緒にプロテクターも準備しておくといいでしょう。

　特に、頭部のケガは深刻な障害にもつながります。パークによっては、ヘルメット着用が義務づけられているところもあるので、格好悪いと思うかも知れませんが、最低限ヘルメットは準備しておく必要があります。小さなお子様は、全て着用することをおすすめします。

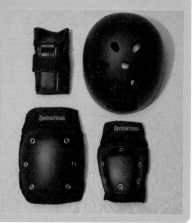

ヘルメット（写真右上）、リストガード（写真左上）、エルボーガード（写真右下）、ニーガード（写真左下）

ノーズアップ

スタンスを決めたらノーズを上げる動作に慣れることが非常に重要だ。

　スケートボードを始めるに当たって、体の軸を覚えることがとても大切です。

　手でバランスをとりながら、軸をブラさずにノーズを上げ下げするノーズアップをやってみましょう。

　軸を倒さずに板をコントロールする動作は、テールマニュアル（P.48参照）やオーリー（P.49参照）にもつながります。慣れてきたら、ゆっくり動いたところから止まってノーズアップしてみましょう。

NG

テールを踏めるポジションに後ろ足を置いて板に乗る

最初の重心の位置はスタンスの中央

軸はまっすぐのまま後方に移動するとノーズが上がる

軸を倒すとバランスを崩して転倒する

●板に乗らずに練習してみよう

　板に乗るとバランスを崩してしまう人は、その場でテールを弾いて練習してみましょう。テールの左右中央を弾くことで板がまっすぐ跳ね上がります。

ノーズアップのスタンス

進行方向

前足
肩幅程度のスタンスで重心をデッキの左右中央に置く

後ろ足
テールの端でデッキ中央をまっすぐに押せるところ

プッシュ＆ストップ

前に進む動作でも、軸の安定が大切。重心を板の中央にキープしよう。

前足を板に乗せ、後ろ足で地面をプッシュして前に進んでみましょう。このときも体の軸をまっすぐに、頭が板の上になるポジションを保つことが大切です。

低めの重心で地面を押し出すようにプッシュします。重心が高かったり、慌ててしまうと蹴り足に重心が乗って、板が外側に離れていってしまいます。目線を進行方向に向けておくことが大切です。後ろ足を下ろして地面に擦ることでストップします。

●プッシュ

プッシュする前に、まず板をまたいで、そのまま軸をブラさずに前足をデッキの中央に乗せましょう。

この軸が左右にブレないようにプッシュしましょう。

こぐ足に重心が乗ると軸が横にブレる

●ストップ

前に押し出して進めるようになったら、次は止まらなければなりません。ストップするときも姿勢は同じです。重心を前足に乗せたまま地面に足を滑らせて止まりましょう。最初は板をスライドさせて止まる必要はありません。姿勢に慣れることが先決です。

デッキコントロールの基本 3

カービング

まっすぐに滑れるようになったら、次は左右にカーブしてみよう。

　まっすぐに滑っているところから軸を少し傾けて左右にカーブしてみましょう。トラックの左右の動きを利用して、拇指球側に重心を乗せるとバックサイド、かかと側に重心を乗せるとフロントサイドにカーブできます。軸を倒し過ぎると危険なので注意しましょう。

カービングのスタンス

進行方向

前足
肩幅程度のスタンスで重心をデッキの左右中央に置く

後ろ足
トラックの上に真横に乗せる

●バックサイド

曲がりたい方向に軸を倒しながら進行方向を変えていきます。トラックの左右の動きを利用して荷重バランスを調整していきましょう。

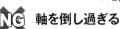

NG　軸を倒し過ぎる

軸を内側に倒し過ぎると元に戻せずに板から落ちる。体の倒し方はスピードのよっても変わる

●フロントサイド

その場でのターン

体の軸をまっすぐに保って、その場でカツカツとターンしてみよう。

その場に止まってカツカツとターンする練習です。ここでも軸をまっすぐに保ってデッキをコントロールすることが大切です。お腹側に回るバックサイドと背中側に回るフロントサイドの両方できるようにしておきましょう。

両腕を水平に広げて、肩のラインを水平に保ったままターンします。目線を回る方向に向け、上半身から動き始めるのがポイントです。

最初は小さな角度から始め、慣れてきたら徐々に大きく回るようにするとチックタック（P.44参照）につながります。

その場でのターンのスタンス

前足
肩幅程度のスタンスで重心をデッキの左右中央に置く

進行方向

後ろ足
テールの根元でデッキ中央をまっすぐに押せるところ

●バックサイド（お腹側へのターン）

●フロントサイド（背中側へのターン）

NG

ノーズを高く上げすぎたり軸がブレたりするとうまく回らない

デッキコントロールの基本 **5**

ケガ予防の転び方

最初はヘルメットやプロテクターをつけて、たくさん転んで慣れることが大切。

ケガをしない上手な転び方を身につけておくことは大切です。ベタッと潰れるようにコケずに、柔道の受け身をイメージして、できるだけ転がることで衝撃を逃がすことができます。

最悪のシナリオを予想して、できるだけ周囲の安全を確認することが大切です。

●できるだけ転がって受け身をとる

転倒のときに、まず守るのは顔面や頭、次に背骨。柔道の受け身のように手をズラして斜めに転がりましょう。

●進行方向に対して手を斜めにつく

転ぶ方向に対して、両手を斜めにつくことで受け身を取りやすくなります。

NG

指を立てると骨折しやすいので手のひらをつくことが大切

NG

両手をつく位置が揃ってしまうと地面に頭部を打ちやすく危険

●路面を確認する

練習をする前に路面の状況や危険な物がないか、安全を確認しておくことが大切です。

●芝生で転び方を練習しておこう

普段から転ぶことに慣れていない人は芝生の上などで転び方を練習しておきましょう。

How to SK8
くまトレ
赤熊寛敬

動画で Check!!
転び方のススメ
怪我を最小限に転びたい

https://www.youtube.com/watch?v=xHJoGvN5U1Y

体の軸とデッキコントロールを覚えるための基本トリック

基本動作ができるようになったら、今度は3つの基本トリックを身につけよう。

　進む、止まる、曲がる、ターンなどの基本動作ができるようになったら、チックタック、エンドオーバー、テールマニュアルの3つの基本トリックを身につけましょう。

　チックタックとエンドオーバーでは、カービング（P.40参照）のように、トラックのブッシュの弾力を上手に使う必要があります。

　また、上半身の使い方はその場でのターン（P.41参照）と同じになります。上半身始動の滑らかなデッキコントロールを心がけましょう。

　テールマニュアルでも、不安定な中で、軸を感じながら、体を固めてバランス

を取る必要があります。オーリー（P.49参照）の着地のときに必要な感覚にもなるので、自分の形を見つけておくことが大切です。

　これら3つの全てに共通しているのが、体の軸を安定させることです。肩が下がったり、くにゃくにゃ不安定だったり、大きく傾き過ぎたりするとバランスを崩してしまいます。肩をなるべく水平に保つ意識が大切です。

　これらの基本トリックのなかで、重心をうまく動かしてスケートボードの特徴をつかみ、コントロールする感覚を身につけておくことが、その後のトリックの修得に役立ちます。

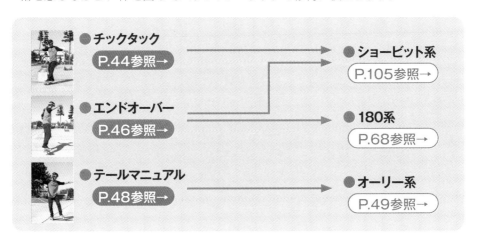

- ●チックタック　P.44参照→
- ●エンドオーバー　P.46参照→
- ●テールマニュアル　P.48参照→
- ●ショービット系　P.105参照→
- ●180系　P.68参照→
- ●オーリー系　P.49参照→

チックタック

上半身始動でトラックをうまく使って滑らかにターンしていこう。

チックタックでは、上半身を使って下半身を誘導するのがポイントです。左右に板を振るときは、常に上半身が先に進行方向を向くように心がけましょう。

腕を左右に広げ、板を見ずに目線を前方に向け、腕→体を開く→板を振る」の順に動かします。

カチャカチャ小さく動かすのではなく、トラックの左右の動きを使って板を傾けて大きくターンします。トラックをグーッと踏み込んでいくことで滑らかなターンで加速できるようになります。

動画で Check!!
必ず覚えるべき基本動作
チックタック・エンドオーバー

https://www.youtube.com/watch?v=wLiOFa1x6wU

2つのポイント

① 上半身の使い方
② 滑らかなデッキ
　　コントロール

チックタックのスタンス

前足
肩幅程度
のスタンス
でかかとが
出てもよい

進行方向

後ろ足
ビスが隠れ
るか隠れな
いかのとこ
ろに真横に
乗る

POINT②

NG

上半身を使わないとカツカツし
たターンになって全然進まない

NG

ノーズを高く上げ過ぎるとバラン
スを崩しやすくなる

トリックへの第一歩② エンドオーバー

チックタック同様、上半身を使ってデッキをコントロールしていこう。

エンドオーバーは、ノーズから板を回すため、ノーズに重心が乗ります。

チックタックと同様に上半身を先に回して、下半身を誘導します。足から先に回そうとすると上半身が残ってバランスを崩します。

慣れるまでは腕を広げて大きく上半身を動かすとバランスを取りやすくなります。腕を広げないでやるときも、必ず肩は回転方向に動いています。

慣れてきたら連続して元に戻るところまで練習しておくといいでしょう。

●連続ターン

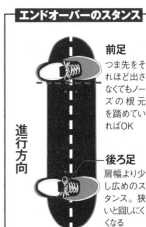

エンドオーバーのスタンス

前足
つま先をそれほど出さなくてもノーズの根元を踏めていればOK

進行方向

後ろ足
肩幅より少し広めのスタンス。狭いと回しにくくなる

2つの**ポイント**

① 上半身の使い方
② 体の軸を倒さない

軸をまっすぐに保って上半身始動で下半身の動きを誘導する

上体をかぶせ過ぎると回転できなくなる

重心が後ろにあると板だけが前に行って体が置いていかれてまくられる

回転するからといって内側に軸を倒すと板がついて来ずにバランスを崩す

47

テールマニュアル

トリックへの第一歩 ③

テールでやるウイリーがテールマニュアル。バランスの取り方を身につけよう。

テールマニュアルでは、不安定な中で体の軸を感じることが大切です。両腕でバランスを取りながら、肩をなるべく水平に保つのがポイントです。

体幹がぐにゃぐにゃすると安定しないので、体をグッと固めてバランスを取るのがポイントです。

下を見ると頭が下がり、前を見るとのけ反るので、目線はノーズ辺りに置くことが大切です。

実際に練習するときは、距離の目標をつくって、徐々に距離を延ばしていくといいでしょう。

3つのポイント

① 体の軸を感じる
② 肩を水平に保つ
③ 体を固める

レールの上などで後ろ足片足で立ってバランスを保つ時と同じ体の使い方

NG
後方の肩が下がると元に戻せない

動画で Check!!
テールマニュアル
軸をみつけて固まる

https://www.youtube.com/watch?v=XGSvgds9Bi8

テールマニュアルのスタンス

前足
つま先を少し前方に向けて肩幅程度のスタンス

後ろ足
ベタ足で乗り、キングピンを感じるところ

進行方向

PART 3

オーリーを
身につければ
スケートボードの
幅がグンと広がる

Ollie
オーリー

スケートボードに乗れるようになったら
まずは「オーリー」を練習してみよう。
ポイントは思いっ切りやらないこと。
力まずリラックスして、正しい姿勢を意識して
体の使い方やタイミングを覚えていこう。

オーリーができるようになるとスケートボードの幅が大きく広がります。単に走っていても楽しいかも知れませんが、「物に飛び乗る」、「物や段差から飛び降りる」、「物を飛び越える」などができると、さらに楽しくなることでしょう。

姿勢とスタンスに気をつけて、真上に跳ぶイメージを持ちましょう。オーリーでは、高く跳ぶことよりも、まずはタイミングを覚えることが大切です。

最初は止まって、その場で体の使い方と弾き方を覚えましょう。止まって練習するときは真上に跳んで、着地はそのまま落ちるだけで構いません。力

まずに軽く体を浮かせ、足を動かしすぎないように注意しましょう。

動作に慣れてきたら、動いて練習していきましょう。コツは姿勢とタイミングです。動画などを見て正しい方法を頭にイメージして、練習を繰り返すことでタイミングがわかるようになります。

さらに何かを飛び越える「物越えオーリー」、徐々に高さを出し、物に飛び乗る「オーリーアップ」、飛び降りる「オーリーダウン」、応用として「フロントサイド180」、「バックサイド180」、「フェーキーオーリー」などトリックの幅を大きく広げていきましょう。

STEP ① その場でのオーリー

オーリーは、まず止まったところから練習するのがお勧めです。体の浮かせ方、テールの蹴り方、足の使い方など、板を跳ね上げて足でキャッチする感覚を身につけましょう。綺麗なオーリーを身につけることが、その後の上達につながります。

3つのポイント
① 体の浮かせ方
② テールの蹴り方
③ 前足の使い方

スタンス幅は人それぞれ
デッキの中央に乗る

個人差はありますが、必ず前足の小指の付け根をデッキの左右中央になるように置くことで板がねじれずにオーリーできます。後ろ足もテールの左右中央に力がかかるポジションに置くことで弾きやすくなります。力がない人はスタンスが広いと上げるのが難しくなるため、狭めのスタンスでもいいでしょう。

How to SK8 くまトレ 赤熊寛敬

動画でCheck!!
オーリー3つのポイントで体の動きを覚えよう

https://www.youtube.com/watch?v=pXWYVV7PICI

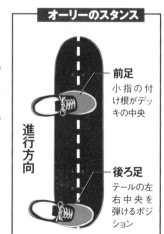

オーリーのスタンス

前足
小指の付け根がデッキの中央

進行方向

後ろ足
テールの左右中央を弾けるポジション

POINT ① 体の浮かせ方
胸を高い位置に上げる
イメージで跳ぶ

オーリーでジャンプするときは、いかに上半身を高い位置に上げるかがポイントとなります。下に向かって蹴る力ではなく、最初から体を上に浮かせるジャンプを意識しましょう。

体の使い方としては、垂直跳びをするときと同じです。強く地面を蹴ろうとしてしゃがみ過ぎると、逆に高く跳べなくなってしまうので注意しましょう。

垂直跳びでも深くしゃがみ過ぎると高く跳べなくなる

垂直跳びの体の使い方と同様に、胸の高さを意識することが大切

POINT ③ 前足の使い方
小指の外側でデッキを水平にするイメージ

前足の小指の付け根の外側をデッキの左右中央に滑らせる

跳ね上がってきた板を水平にするように足を使う

POINT ② テールの蹴り方
ただ下に踏むだけでなく、パチンと弾く

　後ろ足の使い方は、テールは叩くというよりは、足で地面を感じない程度に下に向かって弾くイメージです。テールが地面に着くまで足で踏み込んでしまうとデッキは跳ね上がりません。

　デッキを弾いた後の後ろ足は、高く上げすぎずに、弾いた後に跳ね上がってきたテールを足で迎え入れるように、少し待ってから板と一緒に上げていくように使いましょう。

その場で板を弾いて練習してみよう

NG テールを下まで踏み込む

テールが地面につくところまで踏み込むと、ノーズは上がってもテールは高く上がらない

後ろ足の使い方

後ろ足を高く上げてしまうとテールと足が離れてうまくキャッチできなくなる

　前足を振り上げてデッキを上げるイメージを持っている人も多いようですが、実際は跳ね上がってくるデッキを水平にするために前足をズラしたり、噛ませたりするように使います。

　前足の小指の付け根の外側をデッキに噛ませて、ノーズ方向にデッキの左右中央を滑らせるように使うのがポイントです。位置が左右にずれていると、板がブレて裏返ってしまうので注意しましょう。

　前足が前に行かずに下がってしまうとうまくいきません。前足を上げてから噛ませ、あまり大きく動かさないのがポイントです。ノーズまでは使わない意識が大切です。

NG 足ではデッキを上げられない

前足でデッキを引き上げようとしても、実際は板が立つだけで高く引き上げることはできない

53

STEP ② 動きながらのオーリー

その場でのオーリーに慣れてきたら、動きながらオーリーをしてみよう。

その場でのオーリーができるように
なってきたら、動きながらのオーリー
をやってみましょう。その場で行うオ
ーリーと基本は同じですが、最初はな
かなかうまくいかない人も多いと思い
ます。

姿勢に注意しながら、テールを弾くタイミングをつかもう

オーリーを練習していると、多くの
人が「テールがうまく弾けない」、「板
がうまく上がってこない」などの壁に

How to SK8
くまトレ
赤熊寛敬

動画で Check!!
オーリーテールの弾き方！
弾くコツと練習方法

https://www.youtube.com/watch?v=-1F5rFVNqSA

突き当たります。

　全てのトリックに共通して軸をいかに安定させるかが大きな課題となります。さらに、オーリーではテールを弾く感覚やタイミングをつかむことが大切です。

3つのポイント

① 地面を感じずに弾く
② 体が伸び切る寸前に弾く
③ 上半身を反らさない

55

POINT ① 弾くときに地面を感じない

足のスナップを使って
地面に当てるとテールが上がる

テールを弾くときは、地面を感じない程度の深さで蹴ることが大切です。地面を感じるまで深く蹴ると、板が上がってくるのが遅くなるだけでなく、テールが高く上がらなくなってしまいます。

正しいスタンスで、足のスナップを使って、テールを地面に当てることで、テールが高く跳ね上がり、綺麗なオーリーになります。高い音が出るような弾き方を身につけましょう。

足首のスナップでテール左右中央を弾く

足で地面を感じるところまで蹴り込まない

テールを弾いた瞬間に後ろ足を上げる

POINT ③ 上半身を反らさない

首の根元から吊られるイメージで
胸を張らずに上に跳ぶ

ジャンプするときに大切なのが上体の姿勢です。胸を張らずに、首の根元の後ろあたりを吊り上げられるイメージで上に跳ぶといいでしょう。上体が反ると蹴る力が入らず、重心も上げにくいため、体を浮かしづらくなります。腕を肩より高く振り上げると体が反りやすくなるので注意しましょう。

② 体が伸び切る寸前に弾く
重心が上がっていくタイミングで
テールを弾くのがコツ!!

テールは、重心が上がっていくタイミングで弾くのが基本です。タイミングが早く、弾いてから体を伸ばすと板がついてきません。逆に、タイミングが遅れて、体が伸び切ってからでは強く弾く

ことができません。

板に乗らずに弾くだけでもイメージはつかめます。これだというタイミングがつかめるまで繰り返し練習しておきましょう。

体が伸び切った後にテールを弾こうとしても強く弾けない

首の後ろから吊り上げられるイメージでジャンプする

重心の位置をつねにデッキの中央に保つ

上体を起こしてしまうとバランスを崩しやすい

オーリーがうまくできないならここをチェックしよう!!

オーリーがなかなかうまくいかない人からの「疑問TOP3」をここで紹介。

スケートボードを始めて、まず最初の壁となるのがオーリーです。自分では、何となくできるようになったと思っていても、中途半端なオーリーしか身につけていないと、その後のトリックができなくなってしまいます。

正しい体の使い方を覚えて、綺麗なオーリーをできるようにしておくことで、その後の上達のスピードも変わります。

まずは自分の問題点を見つけ、コツをつかめるまで繰り返し練習することが大切です。

3つの**ポイント**
① デッキを強く弾けない
② バランスが崩れる
③ 着地がうまくいかない

POINT ① デッキを強く弾けない
かかとが浮いていないかチェックしよう

デッキを強く弾けない人を見ていると、しゃがんだときに足がガクガク不安定になることで、跳ぶときに力が逃げてしまう場合が多いようです。まずは跳ぶ前にしゃがんだときにかかとが浮いていないかをチェックしましょう。

重心を落とすときは、垂直跳びをするときと同じで、カカトを浮かさずにベタ足でデッキを押さえるように姿勢を低くすることが大切です。

デッキの左右中央に重心を乗せたまま、まっすぐにしゃがむ姿勢に慣れておきましょう。

かかとが浮いてしまうと重心が安定しにくくなり左右にグラついてしまう

POINT ② 弾くときにバランスが崩れる
肩を水平に保てば軸が安定する

体の軸が前後に倒れているとバランスを崩しやすくなります。重心が前足だと肩が前に突っ込み、後ろ足だとのけ反ります。実際は前の肩が少し下がって被さるイメージですが、意識としては肩を水平に保つように心がけると軸が安定します。

前足に乗っていると肩が前に突っ込む

後ろ足に乗っていると板が前に飛ぶ

POINT ③ 着地がうまくいかない
デッキを送るのではなく、自分が跳んでいく意識を持つ

動きながらオーリーをすると着地がうまくいかずにまくられてしまう人も多いようです。まくられる原因は、軸が後方にブレているか、板が前に行って体が置いていかれた状態かのどちらかになります。物を飛び超えるときに、板を前に送る意識が強いと体が置いていかれたり、後方の肩が下がりやすくなったりします。

ジャンプをするときは、板を前に送るのではなく、自分が跳んでいく意識が大切です。高さのピークをイメージして、そこに自分の体を持っていくように跳ぶといいでしょう。

段差や板の上から、そのまま降りて着地する練習をするとイメージをつかみやすくなります。

軸ブレや体が置いていかれるとまくられる

腕を高く振り上げると体が反りやすくなる

How to SK8 くまトレ 赤熊寛敬 | **動画で Check!!**
皆様の疑問にお答えします
コメント質問解説！ オーリー編

https://www.youtube.com/watch?v=1I_BRvq-O_0

STEP ③ 物越えオーリー

最初はペットボトルなどの低いものを使い、徐々に高さを出していこう！

●ペットボトルを飛び越える

●2つのコーンを飛び越える

コーンを2つ重ねて練習しよう

しっかりオーリーをしないと飛び越せないため、コーンを2つ重ねた高さで練習するのがベスト。

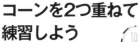

NG

体が先行するとウィールが引っかかる

NG

板を先に先に送ろうとすると体の軸が後傾する

NG

越える意識が強いとノーズからの着地になる

最初は空き缶やペットボトルから始め、ひざ上くらいの高さの物を飛べるようになりましょう。体重移動のイメージは物の上、必要以上に高く跳ばずに、越えられる高さだけ跳ぶことが大切です。

3つの**ポイント**
① 前足の使い方
② 重心移動の仕方
③ 目線の置き方

POINT ① 前足の使い方
高さに合わせて板を水平にする

物を越えるときも思いっきり板を前に運ぶのではなく、物の高さや幅に合わせて前足で板を水平にすることが大切です。

POINT ② 重心移動の仕方
ピークをイメージする

ジャンプのピークをイメージして、そこに自分の体を持っていくように跳びましょう。着地はイメージせずに、ピークから落ちるだけで構いません。

POINT ③ 目線の置き方
飛び越す物を見る

もともとの目線が下に向いていると、いきなり物がきてしまいます。助走を長く取って、飛び越す物を見ておくようにしましょう。

足元を見ると頭が下がって重心の位置がブレてしまいます。一度スタンスを合わせたら下を見ないことが大切です。

テールを弾くタイミングは、スピードによって異なります。最初はゆっくりしたスピードで練習しましょう。

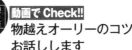
How to SK8 くまトレ 赤熊寛敬 動画で Check!!
物越えオーリーのコツ
お話しします

https://www.youtube.com/watch?v=PmjB18LDhdM

徐々に高さを出していこう!!

しっかり板を弾けるようになったら、高さや幅のあるものに挑戦してみよう。

●幅のある物を飛び越える

●立てたコーンを飛び越える

POINT ① 重心を上げる

しゃがんだところから 真上に跳び上がる

高さを出すために必要なのは腰を高く浮かせること。体を反らさずにしゃがんだまま真上に跳び上がるように、体全体を浮かせましょう。

足を高く上げようとすると軸が後方にブレる

体が反ってしまうと重心が後方にブレてしまう

3つのポイント

① 重心を上げる
② 後ろ足の上げ方
③ 安定する前足の使い方

POINT ② 後ろ足の上げ方

板に合わせて上げる

後ろ足は、上げた板に足が当たるのではなく、上がってくる板に合わせて上げていきましょう。テールを弾いてから少し待って後ろ足を上げていくと板が足にくっつきます。

高く跳ぼうとして後ろ足を上げると板が離れる

POINT ③ 安定する前足の使い方

我慢してから噛ませる

板を水平にするタイミングを遅らせるほど高くなります。なるべく我慢してから前足を噛ませ、、前足を噛ませたら体を一瞬固めるイメージを持つといいでしょう。

How to SK8 くまトレ 赤熊寛敬

動画で Check!!
オーリー高さを出す練習
小さな物越えも丁寧に！

https://www.youtube.com/watch?v=16-3JI_KXH8

STEP ④ 段差でのオーリーアップ

オーリーアップは、レッジ（カーブ）トリックやマニュアルトリックに必要になる。

3つの**ポイント**

① 目線は対象物
② 目指すタイミング
③ 軸を倒さずそのまま跳ぶ

POINT ①
POINT ②
POINT ③

POINT ① 目線は対象物
かどを見る

オーリーアップするときは、飛び乗る物のかどを見るのが基本です。下を見ると軸が曲がってしまうので注意しましょう。

NG

下を見ると軸がブレて上に跳べない

POINT ② 目指すタイミング
距離感をつかむ

やりすぎるのはよくないが、距離感を測るために後輪を引っかける練習をするとタイミングをつかみやすくなる

スピードに合わせて、上半身の軸が残らないようにタイミングよく跳ぶことが大切です。

まっすぐ入ると後輪が引っかかりそうで怖いなら、少し斜めに入るとやりやすくなります。自分のやりやすい角度で練習しましょう。

段差に飛び乗るオーリーアップでは、スピードに合わせて、飛び乗る物との距離感を測って、タイミングよくオーリーをすることが大切です。

物越えオーリー（P.60参照）と同様に、目線を対象物の手前のかどに置いて、上半身の軸がブレないように、しっかりオーリーをすることが大切です。

自分のやりやすい高さの物を使って、やりやすいアプローチの角度で練習していきましょう。

How to SK8
くまトレ
赤熊寛敬

動画で Check!!
オーリーアップ
段差に上がるOllie

https://www.youtube.com/watch?v=uCm6o6Sb_zc

NG スピードがないと前輪が引っかかる

NG タイミングが悪いと後輪が引っかかる

POINT ③ 軸を倒さずそのまま跳ぶ
小さくなると安定する

オーリーするときに体の軸を倒さずにそのまま跳ぶことが大切です。段差に引っかかりたくないからといって、板を前に送ると上体が遅れてバランスを崩します。後傾しやすい人は、乗った後に小さくなるのもいいでしょう。

NG 乗った後に軸が後傾するとバランスを崩す

後傾しやすい人は、乗った後に小さくなるのもいい

65

STEP ⑤ 段差からのオーリーダウン

ステア（階段）の初めの一歩。コツをつかんで徐々にステアの段差を増やしていこう。

段差や物から飛び下りるときは、無駄に高く跳ぶ必要はありません。上体の軸がブレないように、小さなオーリーを心がけましょう。

スタンスも基本は通常のオーリーと同様で、着地でスタンスを狭める必要はありません。オーリーのときに後ろ足がデッキから離れないように気をつけ、テー

③つのポイント

① 上半身の軸
② 両足をデッキにつける
③ 着地の衝撃を吸収

ルの根元あたりに置いて着地しましょう。ひざを柔らかく使って着地の衝撃を吸収するのがポイントです。

POINT ①上半身の軸
軸を後傾させない

軸が後傾すると着地でバランスを崩して危険

通常のオーリーと同様、肩の水平を意識して、上体を後傾させないことが大切です。後ろの肩が少し上がっていてもかまいませんが、上半身が暴れて後傾すると危険なので注意が必要です。

POINT ②両足をデッキにつける
綺麗なオーリーを心がける

オーリー中は、両足がデッキから離れない綺麗なオーリーを心がけましょう。一度、空中で足がデッキから離れ始めると、どんどん離れてしまいます。

特に後ろ足が跳ぶときに離れやすく、着地でスタンスが狭くなると、板が折れたり、バランスを崩したりしてケガのリスクも高まります。高さはいらないので、小さな動きで後ろ足を高く上げないように心がけましょう。

POINT ③着地の衝撃を吸収
ひざのクッションを使う

着地ではひざのクッションを使って衝撃を吸収することが大切です。しゃがみ過ぎると格好悪いと思うかも知れませんが、慣れるまでは着地でしゃがむといいでしょう。

オーリーせずに降りるときは、誰もが自然にしゃがむはずです。それをイメージしてやってみるといいでしょう。

オーリーせずに降りる場合

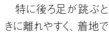

突っ張ったまま降りると、ひざに大きな衝撃がかかって痛めることもある

 How to SK8 くまトレ 赤熊寛敬 **動画で Check!!**
オーリーダウン
段差を降りてみよう

https://www.youtube.com/watch?v=YAw5S7ntEEA

FS180
フロントサイド 180

FS180を身につけることで、オーリーのバリエーションが増えるだけでなく、テールスライドやノーズスライドなどのレッジ（カーブ）トリックでの空中で板を持っていくという動作につなげることができる。

オーリーをしたところから、空中で背中側に板を180度回転させるのがフロントサイド180。前のウィールから着地するパターンと4輪着地の2パターンがあります。段差に乗るときは前から着地、ステアを飛ぶなら4輪着地など使い分けるといいでしょう。

前のウィールから着地する方が覚えやすいので、できるようになってから4輪着地を身につけましょう。最初はゆっくりとしたスピードから練習していきましょう。

FS180のスタンス

前足
つま先を少し出すだけでやりやすくなる

進行方向

後ろ足
テールの左右中央を弾けるポジション

POINT ① 体の軸の安定
体の軸を倒さずに真上に跳び上がる

FS180では、上半身をほとんど倒さずに体の軸をまっすぐに保つのがポイントです。軸を倒しすぎたり、大げさに体をひねったりすると、板もついてこなくなり非常に危険です。

NG

軸を倒しすぎたり、体を大きくひねるとバランスを崩して危険

How to SK8
くまトレ
赤熊寛敬

動画で Check!!
フロントサイド180オーリー
上半身の動かし方お話しします

https://www.youtube.com/watch?v=FudmiZvIsSE

3つのポイント

1. 体の軸の安定
2. 板の動かし方
3. 上半身のかぶせ方

POINT ② 板の動かし方

前足でノーズを斜め前に

　FS180では、オーリーと同様にテールを下に弾いて、板が浮いたところで、前足でノーズを斜め前に持っていくことで板が回転します。最初から外向きに蹴らないように注意しましょう。

NG

後ろ足で回すイメージを持たないことが大切

POINT ③ 上半身のかぶせ方

軸を保ったまま、上体を少し前方にかぶせる

　上体を前に少しかぶせて重心のバランスを崩さずに、その場でジャンプするときのように、デッキの中央に重心を乗せることが大切です。前にかぶり過ぎないように注意しましょう。

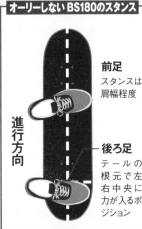

BS180
バックサイド 180

FS180より難易度が高いのがこのBS180。オーリーをしないで行う2パターン、オーリーをして行う2パターンの計4パターンがある。まずはオーリーをせずに体の使い方を覚えることが大切だ。

BS180では、①上半身を浮かせる→②板を弾く→③下半身で持っていくの順に、タイミングよく一気に回ることが大切です。スタンスの中央が回転の支点になるため、板の中央より少し後方が回転の中心になります。

動画で Check!!
How to SK8 くまトレ 赤熊寛敬
Backside180への道のり
前編

https://www.youtube.com/watch?v=UAnXXsHW_k0

オーリーしない BS180のスタンス

進行方向

前足
スタンスは
肩幅程度

後ろ足
テールの
根元で左
右中央に
力が入るポ
ジション

❶テールをこすらないターン

POINT ❶
POINT ❷
POINT ❸

POINT ① 上半身を先行
上半身→下半身の順に回す

FS180と同様に、BS180でも先に上半身が回ってから遅れて下半身を回すのがポイントです。上体を回してから足がついてくるイメージでターンしましょう。

3つのポイント
① 上半身を先行
② 重心はテール寄り
③ 頭を下げない

POINT ② 重心はテール寄り
後輪を回すので
重心も後ろ寄りになる

後輪を滑らせて回すので重心位置は後輪の少し前になります。デッキの中央を意識すると回らなくなってしまいます。

POINT ③ 頭を下げない
ひざを軽く曲げ、
棒立ちで一気に回る

ターンのときはひざを軽く曲げて棒立ち状態で一気に回しましょう。頭が下がっていたり、軸がブレたりしていると回せなくなってしまいます。

NG

デッキ中央を軸に回そうとすると板は回らなくなる

NG

軸が倒れていると板が回らなくなる

NG

体が反るとバランスを崩す

NG

頭が下がると回せなくなる

❷テールをこすってしゃくるターン

POINT ④

ポイント
④ テールを進行方向にしゃくる

❸オーリーをしてドライブ

体が回り始めでからテールを弾くタイミングでやってみましょう。着地してからウィールを地面にスライドさせて180度にしていきましょう。

BS180のスタンス

進行方向

前足
スタンスは
肩幅程度。
気持ちかか
とを出すと
やりやすい

後ろ足
テールの中
央を蹴れる
ポジション

つの**ポイント**

① 上半身を先行
② テールを真下に蹴る
③ 頭を下げない

❸オーリーをして4輪着地

足が板に固定されたスノーボードのように、両足を使って板を回転させるイメージで、デッキの中央を支点に180度回転させます。高さのピークで板が90度になるように体を使うのがポイントです。

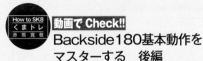つの**ポイント**

① ピークを90°
② デッキ中央を軸に回す
③ 両足で板を回す

How to SK8
くまトレ
赤熊寛敬

動画で Check!!
Backside180基本動作を
マスターする　後編

https://www.youtube.com/watch?v=tMsjIyOR-uY

板を真下に蹴るのが正解。回
そうとしてかかと方向に蹴ると
板がズレてしまう

頭が下がって
いると回転後
にバランスを
崩す

板が90度回転したところ
がピークになるイメージで
ジャンプする。スノーボー
ドのように両足で板を回す
イメージでターンする

デッキの中央を軸
に回す。後方を軸
にするとバランスを
崩したり、着地後に
進まなかったりする

Fakie Ollie
フェーキーオーリー

スタンスと逆向きのフェーキーで動きながら行うフェーキーオーリー。
上級者は様々なスタイルがあるが最初は4輪着地で練習しよう。
ハーフキャブやフェイキーフリップにつながるトリックだ。

フェーキーオーリーのスタンス

前足
小指の付け根がデッキの中央

進行方向

後ろ足
あまりテールの端にならないように注意する

POINT ③

POINT ① 頭を下げない
まっすぐ体を沈める

上半身がかぶりすぎて軸が倒れると安定しなくなります。体の軸がブレないように、デッキを踏み込むように体を沈めることが大切です。

NG

頭が下がると叩いても上に跳べない

POINT ② テールを弾く方向
少しだけ進行方向に向けて蹴る

フェーキーオーリーで大切なのが体の軸を安定させること。軸が不安定だったり、傾いたりしているとジャンプや着地が安定しなくなります。テールを弾く方向に注意しながら練習しましょう。

3つのポイント

① 頭を下げない
② テールを弾く方向
③ 4輪着地

How to SK8 くまトレ 赤熊寛敬　動画で Check!!
フェーキーオーリー！
フェーキーはじめの一歩

https://www.youtube.com/watch?v=Qu2KNqGUiml

POINT ①

POINT ②

フェーキーで後ろ向きに進んでいるので真下に蹴るのは難しいため、ちょっと進行方向に蹴るのがポイントです。

真下に蹴ると体が前に突っ込みやすいので、ほんの少しだけ進行方向に蹴るようにしましょう。

POINT ③ 4輪着地
ピークで板を水平にする

空中で板が暴れることも多いので、コケないようにしっかりと安定した4輪着地をすることが大切です。そのためにも、ピークで板を水平にして、そのまま降りることが大切です。

後輪からの着地や前輪からの着地になるとバランスを崩しやすい

Ollie from Flat Bank

フラットバンクからのオーリー

バンクからのオーリーも基本は同じ。傾斜で軸がブレないように注意しよう。

3つのポイント

① バンクへの進入
② 飛び出しの角度
③ ピークの形

バンクからのオーリーでも、重心はいつもデッキの中央に置くことが大切です。基本的にスタンスはオーリーと同じですが、飛び出しの角度によってスタンスの幅を少し調整し、傾斜に合わせたオーリーを心がけましょう。

POINT ① バンクへの進入
重心を変えない

重心を上げると跳べなくなる **NG**

バンクには重心を変えずに進入し、軸が倒れたり、重心を上げたりしないことが大切です。

腕を振り上げると後傾しやすい **NG**

POINT ② 飛び出しの角度
傾斜に合わせる

飛び出しは、傾斜に合わせた角度で、軸を垂直にしてどの程度の距離や高さを跳ぶかをイメージすることが大切です。

NG
後傾するとバランスを崩す

POINT ③ ピークの形
軸を保って縮まる

ピークでは、体を縮めて軸を前後にブレさせないことが大切です。衝撃を吸収しながらの4輪着地を意識しましょう。

How to SK8 くまトレ 赤熊貴教

動画で Check!!
フラットバンクでのオーリー
2つのポイントでマスターする

https://www.youtube.com/watch?v=7ml5YFQjro4

PART 4

レッジトリック
に挑戦すれば
スケートボードが
さらに楽しくなる

レッジトリック

本章ではパークなどにあるボックス型の段差や縁石を使ったトリックを紹介していこう。
通常、すねより高い花壇やベンチなどを「レッジ」と呼んで高さで区別しているが、日本ではカーブやレールなどを使ったトリックの総称として「カーブトリック」と呼ぶことも多い。

　レッジトリックは、スライド系、グラインド系、コンボ系の3つに区別することができます。

　レッジやカーブに、トラックを当てて滑らせるのが「グラインド」、デッキを当てて滑らせるトリックが「スライド」、さらに入りやアウトで別のトリックを組み合わせるのが「コンボ」で、それぞれにフロントサイドとバックサイドがあり、コンボの組み合わせは無限にあります。自分のスタイルに合わせて、様々なトリックに挑戦できるのもスケートボードの醍醐味です。

　ただし、オーリーができるようになったからといって、どのトリックもいきなりできるようになるわけではありません。

　最初からグラインドやスライドに挑戦するのではなく、最初はデッキやトラックを

かける練習をする必要があります。まずは、「ノーズロック」、「アクスルストール」、「テールロック」の3つから練習を始めるといいでしょう。

　非常に地味な練習ですが、仲間などと楽しんでやっていくことが後々の上達につながるので、頑張ってやってみましょう。

3つのステップ

1. ノーズロック
2. アクスルストール
3. テールロック

動画で Check!!
カーブトリックその前に！
やっておくべき3つのこと

https://www.youtube.com/watch?v=cEx2GibYPT0

STEP ① ノーズロック

オーリーをして、ノーズをレッジにかけて止まるのが「ノーズロック」。ノーズスライドにつながる練習です。ノーズをかけるだけでなく、かけたところから反動を使って降りる練習も大切です。

オーリーで体が突っ込んでいると、ノーズをかけたときに体だけ前に流れてしまいます。板がなくても、カーブで片足で立って止まれるようなバランスを保つことが大切です。重心が後ろにあると待ち切れずに落ちてしまいます。

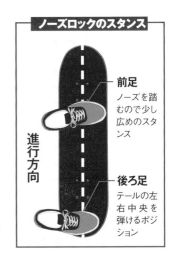

ノーズロックのスタンス

進行方向

前足
ノーズを踏むので少し広めのスタンス

後ろ足
テールの左右中央を弾けるポジション

角に片足で立つイメージ

板がなくても、カーブで片足で止まれるようなバランスを保つことが大切です。

NG ノーズをかけたときに突っ込んでしまうと降りられなくなる

79

STEP ② アクスルストール

　レッジにトラックをかけるのが「アクスルストール」です。やりやすいフロントサイドから練習しましょう。

　しっかりオーリーをして、遠くからレッジに飛びつくのではなく、できるだけ優しく丁寧にかけます。角に飛び乗って止まるイメージで、体の軸を後傾させずにレッジに立てるような重心バランスを保ちましょう。50-50の習得につながる練習です。

アクスルストールのスタンス

前足
オーリーと同じ。しっかりオーリーのできるスタンス

後ろ足
テールの左右中央を弾けるポジション

進行方向

STEP 3 テールロック

オーリーからフロントサイドに曲げてテールをかけるのが「テールロック」です。止まるのは難しいが、テールを持っていってかける感覚を身につけましょう。フロントサイド180をしてテールをかけて降りる少し難易度の高い練習です。ある程度のスピードが必要ですが、できるようになると、フロントサイドテールスライドが楽にできるようになります。

横まわしで180度まわすとデッキが当たってしまう

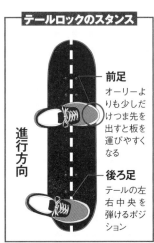

テールロックのスタンス

進行方向

前足
オーリーよりも少しだけつま先を出すと板を運びやすくなる

後ろ足
テールの左右中央を弾けるポジション

難しい場合は45度くらいでアプローチ

難しい場合は45度くらいの角度をつけてアプローチする

81

FS50-50 Grind

フロントサイド
50-50グラインド

物に乗れるようになるとやりたくなるのが50-50グラインド。パークに行けば
カーブボックスもあるし、どこでも気軽にトライできるトリックだ。

POINT ③

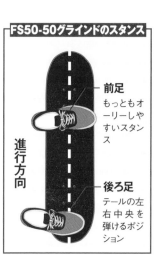

FS50-50グラインドのスタンス

前足
もっともオーリーしやすいスタンス

進行方向

後ろ足
テールの左右中央を弾けるポジション

POINT ① アプローチの角度
少しだけ角度をつけると
かけやすい

お腹側に跳ぶオーリーができる人は平行でも構いませんが、
ちょっとだけ角度をつけるとやりやすくなります。角度をつけ過
ぎると段の上に乗っかってしまいます。上に乗ると転倒してケ
ガをする危険があるので気をつけましょう。

50-50ができるようになると単純に楽しくなります。飛び乗る物が高くてもやり方はオーリーと同じです。

物によって滑り方が違うので、乗ったはいいがトラックが滑らないときは押してあげなければならないので前後の重心のかけ方が大切になります。

3つの**ポイント**
① アプローチの角度
② トラックのかけ方
③ 重心の置き方

How to SK8
くまトレ
赤熊寛敬

動画で Check!!
50-50グラインド・オーリーの応用お話しします

https://www.youtube.com/watch?v=GhABkzUNC_g&list=PLLnWFtT97kZbqy5BONjM88FvIvws-ZnrU

POINT②
POINT①

②トラックのかけ方
後ろから乗せる

物に乗るオーリーと同様に、後ろのウィールからかけるイメージが大切です。前のウィールから乗るとあまり滑りません。トラックのかかりが浅いと滑り落ちるので、深くかませるイメージが大切です。

③滑っているときの重心
角に立つイメージ

レッジを滑るときは、垂直より少しかかと側に乗って、角にへばりつくのではなく、角の上に立つイメージです。板を押さないと滑らないので、上体を進行方向に軽く向け、重心を落としましょう。

83

BS50-50 Grind
バックサイド
50-50グラインド

BS50-50も基本はFS50-50と同じ。
一度、覚えると非常に簡単にできるので、ぜひ挑戦して欲しい。

BS50-50グラインドのときも、BS50-50グラインドとアプローチの角度は同じです。 レッジに平行なアプローチでも構いませんが、少しだけ角度をつけることで、オーリーをした後にトラックをかけやすくなります。

このトリックでも、オーリーをしっかりすることが非常に大切です。

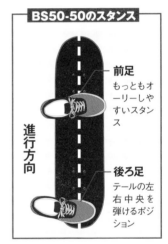

BS50-50のスタンス

前足
もっともオーリーしやすいスタンス

進行方向

後ろ足
テールの左右中央を弾けるポジション

POINT **①** しっかりオーリーをする

オーリーして背中側に
ジャンプする

BS50-50グラインドでも、しっかりオーリーをしたところから、前足で板をコントロールしてかけることが大切です。勢いで行こうとすると、トラックがかからずに転倒します。

最初は背中側に跳ぶのが難しいので、板に乗らずに背中側にジャンプしてレッジに乗る練習をし、ジャンプの感覚をつかんでおくといいでしょう。

③つの**ポイント**

① しっかりオーリーをする
② トラックのかけ方
③ 上半身のかぶせ方

POINT
② トラックのかけ方
後ろのトラックから かけるイメージ

トラックをかけるときは、後ろのトラックをほんの少し早く乗せることで、滑りの悪いレッジでも乗った後に板を押しやすくなるので安全です。

BS50-50 グラインドでは、オーリーをした後に重心がお腹側に残っていることが多いので、前のトラックからかけるとあまり滑りません。

③ 上半身のかぶせ方
上半身を少しかぶせる

上半身を丸めるのではなく、レッジの上に少しだけかぶせることで滑っているときに安定します。棒立ちになったり、体が反ったりしていると危険なので気をつけましょう。

NG

体が反っていると背中側に倒れるので危険

How to SK8
くまトレ
赤熊寛敬

動画で Check!!
Backside50-50グラインド
初めての練習方法！

https://www.youtube.com/watch?v=fUPkYmaE7Ek

BS Board Slide

バックサイド
ボードスライド

ボードの中央部分を背中側のレッジやレールにスライドさせる
BSボードスライド。レールでのスライドトリックでは基本とされるトリック。

BSボードスライドのスタンス

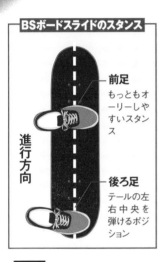

前足
もっともオーリーしやすいスタンス

進行方向

後ろ足
テールの左右中央を弾けるポジション

POINT ①

POINT ②

POINT ① アプローチの角度
ほぼ平行に入る

アプローチの角度はスピードにもよりますが、ほぼ平行に入るといいでしょう。レールだと角度をつけると重心が向こう側へ越えてしまうので注意しましょう。

角度が大きいと軸が傾いたままで、滑っているうちに落ちてしまう

POINT ② デッキの当て方
スッと上に乗るイメージ

板を当てるときは、背中側のエッジからかけてスッとレッジやレールの真上に乗るイメージで少し斜めに当てることが大切です。高くオーリーをして上から当てると板が止まって危険です。

高くオーリーして上から当てると板が滑らないため難しい

どこのパークにもあるレールやレッジなどを使ってできるトリックです。スライドトリックの中でもっともやりやすいので、フロントサイド180ができるようになったら、最初に挑戦してみるといいでしょう。デッキ中央を当てられるようにオーリーをコントロールして、スライド中に重心がブレないように気をつけましょう。

3つの**ポイント**

① アプローチの角度
② デッキの当て方
③ 上半身の使い方

POINT ③ 上半身の使い方

腕を前に残し上体を開かない

スライド中は左手（グーフィーは右手）を前に保ち、上体を開かずに足だけ開くイメージです。体幹にタメを作っておくことで、デッキを戻すときに上体を使えるようになります。

NG

上半身を開くと体が流れてバランスを崩したり、フェーキーアウトしかできなくなったりする

How to SK8
くまトレ
赤飛寛敬

動画で Check!!
BSボードスライド
3ポイント解説

https://www.youtube.com/watch?v=70iUgUMki5I

FS Board Slide

フロントサイド
ボードスライド

お腹側のレッジやレールにデッキ中央をスライドさせるトリック。
進行方向に背を向けて前方が見えにくいぶん少し難しく感じるだろう。

3つのポイント
① しっかりオーリーする
② デッキのかけ方
③ 上半身の向き

FSボードスライドのスタンス

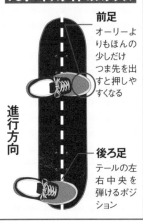

前足
オーリーよりもほんの少しだけつま先を出すと押しやすくなる

進行方向

後ろ足
テールの左右中央を弾けるポジション

POINT ① しっかりオーリーする
オーリーの意識が大切

BSボードスライド同様、高くオーリーをして上からかける必要はありません。デッキを当てるというよりは、オーリーをしっかりする意識を持つことが大切です。当てに行く意識が強いと後ろのウィールが当たって滑らなくなってしまうので注意しましょう。

NG

当てる意識が強いと後輪が当たってしまう

How to SK8
くまトレ
赤熊寛敬

動画で Check!!
FSボードスライド
体の軸を倒し過ぎていませんか？

https://www.youtube.com/watch?v=BYYgePNaVsc

「フロントロック」とも呼ばれている トリックがFSボードスライドです。

BSボードスライドと同様、セクションよりも高いオーリーをする必要がないので、コツをつかむと様々なセクションで使えるようになります。アプローチやスライドのポイントはBSボードスライドのときとほぼ同じです。

②デッキのかけ方
少し深めにかける

デッキを深めにかけると安定します。浅くなり過ぎると乗っていられなくなったり、滑り落ちてしまったりします。前のウィールに体重が乗ると滑らなくなるので注意しましょう。

前のウィールに体重がかかると滑らなくなる

浅くかけると乗っていられなくなる

③上半身の向き
上体を進行方向に向ける

スライド中は軸を倒し過ぎずに、上半身を進行方向に向け、下半身だけでコントロールするイメージです。体を反らさずに重心を少し落としておきましょう。上体が開いたり、体が反ったりすると、まくられたり、詰まって後ろに転倒したりするので注意しましょう。

体が反るとまくられる

FS5-O Grind
フロントサイド
5-0グラインド

お腹側のカーブにテール側のトラックをかけるのがFS5-Oグラインド。
50-50が出来るようになったらトライしたい基本のトリック。

　FS5-O グラインドでは、テールを踏んでいる足が重要になります。基本スタンスはオーリーとほぼ同じですが、グラインド中は後ろ足の位置を変え、ベタ足でテールを押し出すようにしましょう。

3つのポイント
① トラックのかけ方
② アプローチの角度
③ グラインド中の重心

FS5-Oグラインドのスタンス

進行方向

前足
スタンス幅は広くも狭くもなく、オーリーとほぼ同じ

後ろ足
テールの左右中央を弾けるポジション。グラインド中はベタ足でつま先を少し出す

POINT
① トラックのかけ方
中央よりかかと側をかける

　安全にグラインドするためには、正確にトラックをかける必要があります。トラック中央よりかかと側のハンガー部分をかけるのが理想です。
　かけた後にまっすぐ滑るのは難しいため、最初はテールをつけて曲がりながら押していくパターンを身につけましょう。最初はあまり滑らないカーブやレッジでかける練習をするといいでしょう。

かけたところからまっすぐに滑るパターン

ノーズを外に振って進むパターンの方がやりやすい

How to SK8
くまトレ
赤間寛敬

動画で Check!!
FS5-Oグラインド
テールを踏んでいる足が重要！

https://www.youtube.com/watch?v=7wSsvbcgVGA

POINT ②

アプローチの角度
少し斜めがかけやすい

FS50-50グラインドと同様に、セクションに対して平行よりも少し斜めに入った方がトラックをかけやすくなります。角度をつけ過ぎると乗っかって転倒するリスクが高まります。

入る角度が大きくなると乗り上げやすくなる

POINT ③

グラインド中の重心
後ろ足で立って重心を落とす

トラックをかけるときに、後ろ足を少しズラしてテールをベタ足で踏みながら、少し重心を落とすと姿勢が安定します。重心を落とすときに進行方向に上体をかぶせすぎると姿勢が詰まってしまうので、後ろ足で角に立つイメージで、重心を少し落とすようにするといいでしょう。

上体が開くと板も開くので、前の腕を進行方向に残して体を開き過ぎないようにすることが大切です。

上体が開いてしまうと板も開く

91

FS Smith Grind
フロントサイド
スミスグラインド

ノーズを下げて後ろのトラックをグラインドさせるトリック。
これができると気持ちいいので軸を意識して練習しよう。

　FSスミスグラインドでも、高く跳ぶ必要はありません。ませんが、オーリーをしっかりすることが大事になります。ボードスライドやFS5-Oグラインドと同様に、あまり角度をつけないアプローチから気持ちよくグラインドしていきましょう。

動画で Check!!
FSスミスグラインド上達
確実ステップ練習方法

https://www.youtube.com/watch?v=LwkFNXHRXmk

FSスミスグラインドのスタンス

前足
スタンスは
肩幅程度

進行方向

後ろ足
最初はオーリーと同じ。乗った後はテールの根元をベタ足で踏む

3 つの**ポイント**
1. トラックのかけ方
2. グラインド中の姿勢
3. アウトの方法

POINT 1 トラックのかけ方
高く跳ばずにかかと側のウィールをかける

FSスミスグラインドでも、それほど高いオーリーは必要ありません。進行方向の斜め前方に衝撃があまりかからないようにかけていくのがポイントです。最初はゆっくりかける練習から始め、恐怖心がなくなったらスピードをつけて軸を後方に引いてグラインドしていきましょう。

POINT 2 グラインド中の姿勢
後方に重心を置いて押していく

グラインド中に板が詰まりやすいので、重心が後方に置いて板を押し出す必要があります。体の軸を倒すとまくられてしまうので、軸を後方にズラすイメージで板を押し出しましょう。

POINT 3 アウトの方法
抜ける少し前にノーズを上げる

FSスミスグラインドの場合、ノーズが下がっているので、降り方が大切です。抜ける手前で、後ろ足をベタに使ってノーズを上げる必要があります。一度落ちてしまうと上げられなくなってしまいます。途中抜けの場合は後ろ足をオーリーのように使いましょう。

NG

アウトするときにノーズが落ちると上げられない

93

BS Fieble Grind

バックサイド
フィーブルグラインド

デッキを斜めにして後ろトラックとボードのつま先側を当ててグラインド。
かけるのが少し難しいが、レールの方がやりやすいので挑戦してみよう。

BSフィーブルグラインドは、最初はデッキをか
けるのが難しいかも知れませんが、慣れてくると
やりやすく感じるようになります。

レールの方がやりやすいトリックなので、レー
ルが初めての人はこのトリックで挑戦してみると
いいでしょう。

動画で Check!!
BSフィーブルグラインド
挟んで固まり流すコツ！

https://www.youtube.com/watch?v=tFGNDp8bbUg

BSフィーブルグラインドのスタンス

進行方向

前足
かかとを少
し出した方
がグライン
ド時に押し
出しやすい

後ろ足
オーリーし
た後は少し
ズラしてベ
タ足にする

POINT ①
POINT ②
POINT ③

94

POINT ① デッキのかけ方
少し先を狙ってかける

板をかけるのは真横でなく、ちょっと先を狙ってかけるイメージでオーリーをしましょう。手前にかけると体が詰まって、前につんのめってしまうので、少し先にトラックをかけることが大切です。

3つのポイント
- ① デッキのかけ方
- ② 体を固める
- ③ 上半身の姿勢

POINT ② 体を固める
両足でレールを挟む

グラインド中に体がグラつくと安定しないので、両足でレールを挟むように体を固めます。
デッキをかける深さは好みですが、あまり深くなり過ぎない方がやりやすいでしょう。

POINT ③ 上半身の姿勢
肩を残して開かない

メインアウトするためのポイントは、グラインド中に上半身を開かないことです。進行方向に腕をキープして、後方の肩を残し、軸を後方に引きましょう。

NG

体が開いてしまうとフェーキーアウトしないと抜けられなくなってしまう

BS Nose Slide
バックサイド
ノーズスライド

FS180のデッキの運び方や体をかぶせる感覚を思い出そう。

BSノーズスライドのスライド中は、レッジの角に片足で立っていられる姿勢を保つことが大切です。また、スライド中のスタンスは前足がノーズの端になり過ぎないように注意しましょう。

フェーキーアウトの方が簡単にできますが、やはりメインアウトできるようにしておくことが基本です。

③つの**ポイント**
① ノーズのかけ方
② スライド中の重心
③ アウトの方法

BSノーズスライドのスタンス

前足
スライドしやすいようにかかとを少し出し、スライド中はノーズに乗る

後ろ足
テールの左右中央を弾けるポジション。スライド中はテールの根元

進行方向

POINT
① ノーズのかけ方
最初は浅くかける

ノーズのかけ方のポイントは最初は少し足りないくらいに浅くかけることです。スライド中に板が回転するので、最初から板を前に持っていき過ぎると、つま先側のウィールが当たって滑らなくなってしまいます。

How to SK8 くまトレ 赤熊寛敬

動画で Check!!
BSノーズスライド
片足で乗れていますか?

https://www.youtube.com/watch?v=HqHQzaebEY4

POINT ②スライド中の重心
前足で立つイメージ

　実際のスライド中は前足にベタ乗りはしていませんが、イメージとしては前足一本で角の上に立てる姿勢を意識するといいでしょう。

　前側の腕を体の正面に置き、上体を開き過ぎないことでメインアウトしやすくなります。

軸が傾くと体が持って行かれてしまう

POINT ③アウトの方法
上半身の反動で降りる

　アウトのときに跳ねる必要はありません。メインアウトをするためには、ひねった上半身の反動を使って下半身を戻すことが大切です。前足を進行方向に押し出すように使うのがポイントです。

　上体が突っ込み過ぎるとフェーキーアウトしかできなくなり、開いているとメインアウトしようとする際にテールから落ちてしまいます。

上体が突っ込むとフェーキーアウトになる

上体が開くと反動を使えないと板が滑り落ちる

FS Tail Slide

フロントサイド
テールスライド

FS180（P.68参照）ができると確実にやりやすいのがFSテールスライド。
テールを持っていく感覚をしっかり覚えてから挑戦しよう。

FSテールスライドの重要なポイントは、オーリーをしたところからのテールのかけ方です。FS180のときの前足の使い方を思い出してやってみましょう。アウトはメインアウトをできるようにしておくことが理想です。

3つの**ポイント**

① テールのかけ方
② スライド中の注意点
③ アウトの方法

FSテールスライドのスタンス

進行方向

前足
オーリーと同じで肩幅程度のスタンス

後ろ足
テールの左右中央を弾けるポジション

POINT ① テールのかけ方

前足でコントロールして
テールをかける

あまりオーリーをせずに下からかけようとすると、板が横回しになってテールや後ろのウィールが当たってしまいます。まずオーリーをしっかりして、FS180のように前足でコントロールしたところからテールをかけることが大切です。いきなり90度にかけるのではなく、最初は80度程度でかけることで、スライドしている間に回転して90度になります。

How to SK8
くまトレ
赤熊寛敬

動画で Check!!
FSテールスライド結論！
テールをかける時の動作

https://www.youtube.com/watch?v=udsnrAZVbGs

POINT ① POINT ②

POINT ③

POINT ② スライド中の注意点
体は前向き。腕の位置が大事

スライド中は上半身を前に向けていますが、ノーズ側の腕を前に置き、腕を振ることでメインアウトしやすくなります。あまり滑らないレッジやカーブでは軸を後方に引いて、板を押し出しましょう。

滑りの悪いレッジでは軸を引いて板を押し出す

POINT ③ アウトの方法
腕の使い方が大切

進行方向に向けての肩の開き方と腕の使い方で、メインアウトかフェーキーアウトかが決まります。フェーキーアウトのときに体の軸が反らないように注意しましょう。着地は4輪着地が基本です。

● フェーキーアウト

FS Rip Slide

フロントサイド
リップスライド

お腹側のレッジにテール側を乗せてデッキ中央でスライドさせる
応用トリック。カーブとレールのやりやすい方で挑戦してみよう。

　FSリップスライドもFS180の応用トリックで
すが、レールより高くオーリーをするため、ボー
ドスライドよりも難易度が高くなります。
　人によってレッジとレールのどちらがやりやす
いかが分かれます。レールで行う場合は、アウト
では抜けやすいものの、かけるときの恐怖心は
大きくなります。

動画で Check!!
FSリップスライド
3つのポイントでマスターする

https://www.youtube.com/watch?v=pvbOtq6p8F8

FSリップスライドのスタンス

進行方向

前足
スタンスは
オーリーと
ほぼ同じで
肩幅程度

後ろ足
テールの上
がり際の部
分に置く

POINT ①

POINT ① しっかりオーリーをする
かける角度は約 80度

オーリーでは上から落とさずに、スムーズにカーブにかけることが大切です。最初は80度くらいにかけ、スライドしながら90度にして行きましょう。

3つの**ポイント**
① しっかりオーリーをする
② 重心の位置
③ アウトの方法

POINT ② 重心の位置
重心は角の上に置く

NG

ウィール側に重心がかかると滑らない

スライド中は上半身をずっと進行方向に向けておきましょう。デッキは、なるべく深くかけた方が安定します。重心を角の上に置いておくことで押しやすくなります。

NG

体を反らせて軸が傾くと落ちてしまう

POINT ③ アウトの方法
向きを変えながら
テールを踏む

ノーズの向きを変えながらテールを軽く踏んでアウトします。これは途中抜けでも同じです。特に跳ねる必要はないので、そのままアウトしましょう。

NG

テールを踏んで向きを変えようとするとまくられて危険

POINT ②

POINT ③

BS K Grind

バックサイド
Kグラインド

ノーズ側のトラックを斜めにかけてグラインド。
ノーズスライドが出来たら挑戦しよう！

アウトの仕方がポイントです。板が裏返る人が多く見られます。刺さるイメージではなく、実際は押していくイメージです。スタンスはBSノーズスライド（P.96参照）と同じです。

3つのポイント

① トラックのかけ方
② グラインド中の重心
③ アウトの方法

POINT ① トラックのかけ方
足全体でかける

進行方向に押し出すイメージで前足の裏全体で踏み込むことが大切です。

POINT ② グラインド中の重心
カーブの上に立つ

レッジの角の上に軸を倒さずに立ち、かかと側に重心を乗せ、耐えて押していくイメージです。滑らないところではかなり押す必要があります。

NG
上に乗り過ぎると詰まる

POINT ③ アウトの方法
重心は前足のかかと

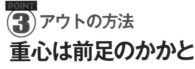

前足のかかと側に重心を乗せ、かかとで前に押し出すようにそのまま抜けましょう。

NG
角でデッキが横に滑って裏返る

How to SK8 くまトレ 赤熊寛敬
動画で Check!!
BS Kグラインド
ノーズスライドが近道！

https://www.youtube.com/watch?v=ZAGFc01L0wc

①　②　③

PART 5

自分のスタイルに合った応用トリックに挑戦してみよう!

応用トリックを身につけて自分のスタイルを作っていこう!

本章では、オーリーと同様に様々な応用トリックの基本となる
ショービット系とフリップ系のトリックを紹介していこう。

本章では、オーリーと同様に身につけておきたい回転系のトリックを紹介します。

まず最初に、板を横方向に回転させる(バリアル回転)「ショービット」に挑戦してみましょう。ショービットは、オーリーが苦手な人でも、エンドオーバー(P.46参照)ができれば修得できるトリックです。

もしオーリーができるようであれば、板を縦に一回転させるフリップ系のトリックにも挑戦してみましょう。板を背中側に回転させる「キックフリップ」とお腹側に回転させる「ヒールフリップ」のどちらかやりやすい方から挑戦するといいでしょう。

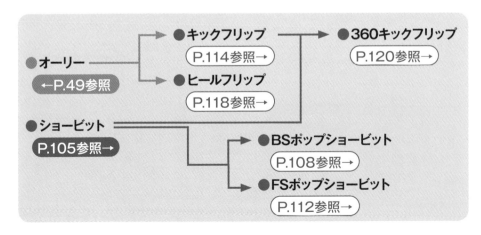

●オーリー ── ●キックフリップ ── ●360キックフリップ
←P.49参照
P.114参照→
P.120参照→

●ヒールフリップ
P.118参照→

●ショービット
P.105参照→

●BSポップショービット
P.108参照→

●FSポップショービット
P.112参照→

Shove It
ショービット

横方向に板を回すバリアル回転をする最初のトリック。
オーリー同様、身につけることで幅が広がる必須トリックだ。

オーリーと並んで様々なトリックの基本となるのが「ショービット」です。

ショービットは、後ろ足でスケートボードをお腹側に180°回転させるトリックです。オーリーで手こずっている人は、まずショービットの練習をするのもいいでしょう。

勢いよく回して乗れるようになれば、色々なトリックができるようになります。オーリーとショービットができれば、ポップショービットやフリップ系のトリック、さらにはレッジトリックなどと複合させるなど、トリックの幅がさらに広がります。

さらに、オーリーと併せてポップショービットや360キックフリップなど、多くの種類の回転系トリックの基礎になる重要な技です。

ショービットのスタンス

進行方向

前足
かかとを出して斜めに置く。スタンス幅は自分のやりやすいところ

後ろ足
テールの根元に軽く親指をかける感覚

3つの**ポイント**

① 上半身の浮かせ方
② テールの蹴り方
③ 前足の使い方

How to SK8
くまトレ
赤熊寛敬

動画で Check!!
ショービット3ポイント解説　うまく回すコツお話しします
オーリーの練習と並行してトライしてみてください！

https://www.youtube.com/watch?v=lieJDDj_WRo&list=PLLnWFtT97kZYda6glm8JPbb5l-HVwjFSt

POINT ① 上半身の浮かせ方

軸を倒さずに真上に跳ぶ

上半身は軸を倒さずに、軽く背伸びをするように体全体をフワッと浮かせるのがポイントです。あまり跳びすぎると危ないので注意しましょう。

NG

深い前傾で軸が傾くとバランスを崩す

NG

お腹側に跳んでしまうと着地できない

NG

高く跳び過ぎると板も跳ね上がって危険

POINT ② テールの蹴り方

後ろ足を真後ろより少し前に引く

テールを後ろ足で背中側に勢いよく引きますが、このとき真後ろではなく、少し進行方向側に蹴るのがポイントです。

NG

オーリーのように下にしゃくると板が裏返る

前足の使い方

前足は板を押さえるだけ

前足はほとんど動かさないのが正解です。後ろ足で蹴った板をガイドをしてあげるように使いましょう。ほんの少しだけ板を送るように使うイメージです。前足を高く上げてしまうと板も上がってしまうので注意しましょう。

BS Pop Shove It

バックサイド
ポップショービット

昔は「オーリーポップ」とも呼ばれていたトリック。
ショービットから360キックフリップ（P.120参照）につなげていこう。

動画で Check!!
BSポップショービット結論！意
外と大事な上半身

https://www.youtube.com/watch?v=Ew2-D60AMk4

3つのポイント

① テールの弾き方
② 前足の使い方
③ 上半身の浮かせ方

BSポップショービットのスタンス

前足
どっしり乗らずにかかとを少し出した方が抜きやすい

後ろ足
テールの左右中央を弾けるポジション

進行方向

POINT ③

BSポップショービットは、テールを弾いて板を180°バリアル回転させる初めてのトリックです。オーリーと同様に、後ろ足でテールの真ん中を弾くことが大切で

す。弾く位置が左右にズレてしまうと板が暴れるのでスタンスが重要です。

　着地でも衝撃を吸収できるように、スタンスが狭くならないようにしましょう。

POINT ①テールの弾き方
こするのではなく弾く感覚

　板をバリアル回転させるので、多少かかと側に蹴るイメージはありますが、真後ろに蹴ってしまうと板が後方に飛んでしまいます。自分が見える場所に板を飛ばすためには、レギュラースタンスであれば進行方向に対して10〜11時方向に板を弾くのがポイントです。こするのではなく弾くイメージでやってみましょう。

後ろ足でテールを背中方向に蹴ってしまうと板が裏返る

POINT ②前足の使い方
すぐに抜いてキャッチ

　前足は板を浮かせたらすぐに抜いて、板をキャッチします。前足はあまり使わずに、板が勝手にくっつくイメージです。どこに浮かすと板がついてくるかを自分で試しておくといいでしょう。

前足を使って回転させると板がお腹側に跳ぶ

弾いた後に前足に触れると板が裏返る

POINT ③ 上半身の浮かせ方

腕を振り上げず真上に跳ぶ

　上半身は真上に浮かせます。このとき、腕を肩より高く振り上げないのがポイントです。常に板が見えていないとキャッチできなくなるので、ひざを高く上げ過ぎて板が見えなくならないように注意しましょう。

常に板が視野に入る位置で回転させるのがポイント

腕を肩より高く振り上げてジャンプすると軸がブレてしまう

ひざを高く上げてしまうと、板が見えないところで回転するのでキャッチできなくなる

自分が前に跳んでしまうと板がついてこない

体をひねると体が板の上からズレてしまう

111

FS Pop Shove It

フロントサイド
ポップショービット

BSポップショービットに対して、FSポップショービットは
通称「逆ポップ」と呼ばれる。後ろ足で板をお腹側に回転させるトリックだ。

FSポップショービットのスタンス

前足
個人による
がつま先を
少し出して
も出さなく
てもよい

進行方向

後ろ足
親指をテー
ルの左右
中央に置
き、つま先
を開くのが
おすすめ

POINT
②

POINT
①

POINT①
テールを弾く方向
テールをお腹側の斜め前方に弾く

　レギュラースタンスなら進行方向に
対して1：00〜2：00方向に、テールを
こすらずに弾きます。横に蹴ると背中
側に板が飛んで行きます。まずは立っ
て板を回す練習から始めましょう。

112

BSショービットができるようになったら、FSを練習しましょう。背中側に跳ぶと回りそうなイメージがありますが真上に跳ぶことが大切です。
　スタンスは後ろ足の位置が非常に大切です。前足は板を押さえるだけであまり使いません。

3つの**ポイント**

① テールを弾く方向
② 上体の浮かせ方
③ 上半身の向き

動画で Check!!
FSポップショービット
こすらず弾くのがコツ！

https://www.youtube.com/watch?v=bcHf4gDtz1s&t=33s

POINT
②上体の浮かせ方
真上に跳んで
体の下で板を回す

　オーリーするときに背中側に跳ぶと板を回せません。真上に跳んで板を真下で回しましょう。

POINT
③上半身の向き
上体は進行方向に

　上半身は進行方向を向くイメージで、オーリーと同じくらいにかぶせます。このとき、前の肩が入ると板が見えなくなるので注意しましょう。

NG
背中側に跳ぶと板をコントロールできなくなる

NG
前の肩が入ると板が見えなくなってコントロールできなくなる

Kick Frip
キックフリップ

オーリーしたところからつま先で板を一回転させるキックフリップ。
スケートボード修得におけるオーリーの次の山場となる人が多い。

キックフリップで板をまっすぐに回すためには、前足の抜き方が大切です。

前足を抜きやすい位置は個人差も大きいので、自分に合ったスタンスを探してみましょう。オーリーをしっかりすることが大切なので、後ろ足はオーリーと同じスタンスになります。

動画で Check!!
キックフリップ
初めての練習方法

https://www.youtube.com/watch?v=RHNGFJDcYRM

キックフリップのスタンス

前足
肩幅程度のスタンスでビスの辺りの足を抜きやすいところがおすすめ

進行方向

後ろ足
テールの左右中央を弾けるポジション

3つのポイント
① 回す感覚を覚える
② 途中まではオーリー
③ 前足の抜き方と蹴り方

POINT
①回す感覚を覚える
まずは板を回す練習から始めよう

フリップでは、最初に板を回す感覚を覚えることが大切です。まず、座って前足で板を回し、どう蹴れば板が回転するかを掴みましょう。

次に板に乗ったところから、板を回して後ろ足で押さえる練習をするといいでしょう。

❶座って前足で板を回す

❷板を回して後ろ足で押さえる

POINT
③前足の抜き方と蹴り方
足首のスナップを使う

前足を抜く方向を調節することでフリップ回転がかかります。ノーズの根元に対して、斜め前方（レギュラースタンスの場合11：00方向）に向かって、前足を抜くことで板が回転します。足首を柔らかく使って、ひざから思いっきり抜き切りましょう。

キックした後に、姿勢を固めていれば、後ろ足に吸いつくように板をキャッチできます。

②途中まではオーリー

板が上がってから回す

キックフリップの動作は、途中まではオーリーと同じです。前足を抜くときに板に回転がかかります。最初から板を回転させるのではなく、オーリーで真上に上がったところから、前足のキックで板を回します。まずはしっかりオーリーをすることが大切です。

前足を前方に蹴り出すようにひざから下を一気に抜き切る。足首を柔らかく使うのがポイント

117

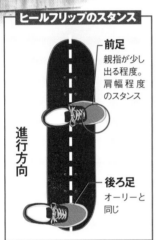

Heel Flip
ヒールフリップ

キックフリップと同様にフリップ回転の基本となるトリック。

ヒールフリップのスタンス

前足
親指が少し
出る程度。
肩幅程度
のスタンス

進行方向

後ろ足
オーリーと
同じ

POINT②

POINT①

POINT③

POINT① 上半身の使い方
重心をまっすぐ落とす

NG

上半身がかぶると板が
背中側で回ってしまう

上半身をかぶせるとお腹側に跳んでしまう
ため、板が背中側に飛んで回ってしまます。
重心をまっすぐに落とし、自分が見えるところ
で板を回すのがポイントです。

How to SK8
くまトレ
赤熊寛敬

動画で Check!!
ヒールフリップ
コツは重心の位置！

https://www.youtube.com/watch?v=mcKlPwDgltg&t=539s

POINT② しゃがみ方
空気椅子を
イメージする

板の上から大きくひざが出
てしまうと、板が見えなくなっ
てしまいます。

重心を落とすときに、空
気椅子をイメージして、後ろ
に腰を引くようにしゃがむこと
でお腹側で板が回るように
なります。

キックフリップよりもヒールフリップの方がやりやすいという人もいます。そんな場合はヒールフリップから先に練習するといいでしょう。

最初は綺麗に回すことを心がけましょう。足の小さい子どもなどはキックフリップよりも簡単にできるようになる。

3つの**ポイント**

① 上半身の使い方
② しゃがみ方
③ 足首を使って回す

ひざをあまり前に出さずに空気椅子のイメージで重心を下げる

POINT
③ 足首を使って回す
足首のスナップ
を使って回す

ヒールフリップは、かかとで蹴るイメージが強いですが、実際は意外と足首を使って回しています。足首でやさしくノーズを弾くイメージでやるといいでしょう。

かかとで蹴って乗る人も中にはいるようですが、キャッチが難しくなります。

NG

かかとでキックしてしまうとキャッチが難しくなる

360 Kick Flip
360キックフリップ

フリップ回転と360度のバリアル回転を合わせた複合トリック。

POINT ① 重心の位置
重心はデッキ中央

まっすぐしゃがんで
まっすぐ上に跳ぶ

　回す意識が強くなると後傾しがちですが、しゃがんだときにデッキ中央に力をかけることで蹴りやすくなります。

NG

後傾していると板は前に飛び、体は後ろに倒れる

POINT ② 板を回す位置
見えるところで回す

　360キックフリップは自分から乗りに行くことが大切なトリックだけに、板を見えるところで回すことが重要です。体の真下でなく、前足の少しお腹側辺りで回すことで、前足で

押さえに行けます。見えているから乗りに行けるのです。
　後ろ足で板を蹴る方向は、レギュラースタンスであれば進行方向に対して10：00〜11：00がいいでしょう。

2種類の異なる回転を合わせた複合トリックなので、難易度も高いですが、やりたい人も多いことでしょう。できるようになれば絶対楽しいので頑張りましょう。

動画で Check!!
360キックフリップ
結論…乗る気が肝心
https://www.youtube.com/watch?v=Th6k8Ublw5c

3つのポイント

① 重心の位置
② 板を回す位置
③ 前足の使い方

POINT
③ 前足の使い方
前足は抜き切る

フリップ回転をかけるには、前足を進行方向に抜き切ることが大切です。実際は少ししか板にかからないですが、蹴り足をしっかり抜き切ることが大切です。

360キックフリップのスタンス

進行方向

— 前足
なるべく縦にして端に置くのがおすすめ

— 後ろ足
テールのお腹側のラウンド部に親指を置くのがおすすめ

NG
蹴り方を加減すると
半回転しかしない

121

FS Power Slide

フロントサイド
パワースライド

ダウンヒルなどのスピードコントロールで非常に重要なトリック。

動画で Check!!
FSパワースライド
軸は倒さず引いておく！

https://www.youtube.com/watch?v=307a_hW-luU

FSパワースライドのスタンス

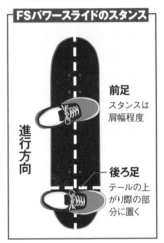

進行方向

前足
スタンスは
肩幅程度

後ろ足
テールの上
がり際の部
分に置く

POINT ① スピードが必要
遅いと板が滑らない

もともと減速するためのトリックなので、ある程度のスピードがないと板が途中で止まって滑らなくなります。

板が止まるとバランスを崩す

POINT ② 重心を浮かせる
デッキ中央が軸

フワッと重心を浮かせて板を押し出すのがポイントです。板の回転軸はデッキの中央になります。

POINT ③ 上体を開かない
足で持っていく

上半身を開かず足だけで持っていくことで、板を戻しやすくなります。

3つのポイント

① スピードが必要
② 重心を浮かせる
③ 上半身を開かない

POINT ①　POINT ②　POINT ③

PART 6

ランプに挑戦してみよう!

ランプトリックを身につけて新たな楽しみを発見しよう!

パークでもっとも人気のあるセクションの一つがランプ。

人それぞれ得意なトリックやスタイルは違います。もし、オーリーが難しいと感じて、なかなかうまくできないようであれば、ランプに挑戦するのもいいかも知れません。

ランプには、「ミニランプ」と呼ばれる比較的高さの低いランプ、「バーティカル」と呼ばれる大きなランプがありますが、初心者は高さ90〜120cm程度のミニランプから始めるといいでしょう。

ランプというとドロップインのイメージが強いかも知れませんが、小さなランプでも上に立つと非常に怖いものです。最初はパンピングから始め、ターンやコーピングにデッキをかけるトリックから身につけるといいでしょう。

ランプで大切なのが、傾斜（R）でのバランスのとり方です。Rは上に行くほどきつくなるので、Rに合わせて軸を倒さなければなりません。軸を倒し過ぎたり、軸が立っていたりするとバランスを崩します。まずはRに慣れて、バランスのとり方を身につけましょう。

ランプトリックを身につけると、ずっとランプで行ったり来たりできるようになり、平地とは違った楽しさを体験できます。

コーピング
RとプラットホームとのR接点にはレール(パイプ)があり、この部分にデッキをかける

90〜120cm

STEP ① パンピング

**ランプで最初にやらなければならないのがパンピング。
トリックに挑戦する前にランプの感覚を身につけよう。**

　ランプを左右に往復するのがパンピングです。あまりスピードが出ていないときは、バンクを上ったときに伸び上がるイメージがあるかも知れませんが、実際は伸び上がらずに下りるときに谷側の足を踏むだけで構いません。ブランコを立ちこぎするときをイメージしてやってみるといいでしょう。

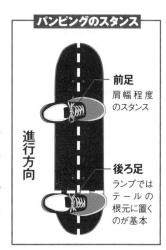

パンピングのスタンス

進行方向

前足
肩幅程度
のスタンス

後ろ足
ランプでは
テールの
根元に置く
のが基本

NG 体が立ち過ぎていると下りるときにバランスを崩す

NG 伸び上がってしまうと戻れなくなる

125

ランプトリック ❶

FS & BS Turn

FSターン、BSターン

パンピングに慣れたところで、まず最初にターンができるようになろう。
Rに合わせた軸の倒し方と上半身の使い方がポイント。

　フロントサイドもバックサイドもやり方は同じです。
基本を押さえてマスターしていきましょう。
　ターンできない人の多くは、バンクを上ったときに
体の軸を倒し過ぎているため、ターンの後に戻って
こられなくなっているようです。また、もっとも大切
なのが上半身の使い方です。

FSターン、BSターンのスタンス

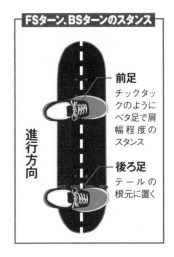

前足
チックタックのようにベタ足で肩幅程度のスタンス

後ろ足
テールの根元に置く

進行方向

3つのポイント
1. 体の軸を倒し過ぎない
2. 上半身を先行させる
3. テールを踏み過ぎない

POINT ❶ 軸を倒し過ぎない

Rに合わせて軸を傾ける

　ランプを上がるときは、Rに合わせて体の軸を少し
は倒します。倒し過ぎると体が先に行ってしまいます。
それとは逆に、棒立ちでもバランスを崩しやすくなります。

NG

体をバンク内
に残し過ぎる
とバランスを
崩してしまう

●FSターン

POINT ❶　POINT ❷

126

●BSターン

How to SK8 くまトレ 赤熊寛敬
動画で Check!!
FS・BSターン覚えておくべき
上半身活用術ミニランプ初級編

https://www.youtube.com/watch?v=SMuGmb3tnoE

②上半身を先行させる
上体を振れば板も回る

NG

ターンのときは、先に上半身を振ることで、板がついてきます。目線を先に送ると上半身が勝手に回ってくれます。

下半身始動のターンではバランスを保てない

③テールを踏み過ぎない
ノーズが上がる不安定

NG

ターンのときに、テールを踏んでノーズを上げると不安定になります。板を滑らせるイメージで腕を振りましょう。

ノーズを持ち上げてしまうとバランスを崩しやすい

Inter Faiky

インターフェーキー

ランプではためらわずに決心したら行くことが大切。躊躇するとケガをするので、
最初はヘルメットやパッドをつけてケガのないように挑戦してみよう。

インターフェーキーのスタンス

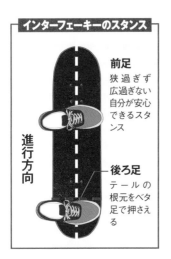

前足
狭過ぎず
広過ぎない
自分が安心
できるスタン
ス

進行方向

後ろ足
テールの
根元をベタ
足で押さえ
る

POINT ① 軸をRに残し過ぎない
角にバランスよく立つ

コーピングにかけたときに、体の軸をRの
中に残し過ぎないことが大切です。それとは
逆に、体が立っていると戻りにくくなってしま
います。最初は怖いから後傾になりやすい
ですが、軸を意識することが大切です。

軸をRに残し過ぎているとバランスを保てない

POINT ② デッキのかけ方
かける目安はデッキの真ん中

デッキの真ん中がいちば
んやりやすいですが、最初
は少し深めにかけても構い
ません。コーピングの上で
バランスよく立ちましょう。

怖いからとい
って前輪だけ
かけると引っ
かかって危険

軸を無理に倒したり残したりしないこと、自然な動きにまかせることが大切です。

怖い場合は、デッキをかけずにノーズを出す練習から始めてもいいでしょう。

2つの**ポイント**
① **軸をRに残し過ぎない**
② **デッキのかけ方**

 動画で Check!!
行くと決めたら行ってください！
エレベータードロップ・インターフェーキー

https://www.youtube.com/watch?v=JdqDvXZGTuY

●デッキの外し方

体をコーピングに乗せたところから、デッキをシーソーのように使って、軸が倒れてきたところでRに戻ります。
かならずテールに乗って前輪を外してから下りることが大切です。

129

Tail Lock

テールロック

**インターフェーキー、エレベータードロップ、アクスルストールなどと併せて
身につけたいトリック。これらを連続してできるようになるとさらに楽しくなる!**

コーピングにテールをかけるのがテールロックです。他のトリックと併せてできるようになるとランプがさらに楽しくなります。

テールをかけるタイミングと切り返すときの重心移動がポイントです。

2つの**ポイント**

① かけるタイミング
② 重心の移動

テールロックのスタンス

進行方向

前足
狭過ぎず
広過ぎない
自分が安心
できるスタ
ンス

後ろ足
あまりテールの端にならないように注意する

POINT
① かけるタイミング
タイミングを待って
確実にテールをかける

テールをかけに行くタイミングが早いとテールの先端がコーピングに当たって危険です。

最初は少し怖いかも知れませんが、慌ててかけないことが大切です。手前で踏みたくなっても、ウィールがコーピングに当たるまで少し待ってからかけましょう。

NG
下から狙うとテールがコーピングにかからずに危険

動画で Check!!
テールロック・アクスルストールで
ミニランプが何倍も楽しくなる！

https://www.youtube.com/watch?v=tSTWoyPcn-s

②重心の移動
軸をしっかり立てることが大切

　重心の位置は軸にも関係します。最初はテールをコーピングに刺すようなテールロックでも構いませんが、それでは止まれません。

　テールをかけたときに、体の軸を少し起こして

重心をテールに乗せ一度止まったところから、再び軸をRに合わせて倒していくようにしましょう。最初は軸を起こし過ぎて、上に乗ってしまってもOKです。徐々に慣れていきましょう。

ランプトリック ④ Elavator Drop
エレベータードロップ

**最初はミニランプでも上に立つと高く感じて恐怖心を抱くもの。
高さに慣れて、インターフェーキーやテールロックで帰ってこられるようになろう。**

ランプの上から入るのがエレベータードロップです。最初は怖いかも知れませんが、勇気を出してRの中に体を倒していきましょう。軸が残ってしまうと、板だけ先に行って転倒してしまうので危険です。

まずはテールを踏んで立ったところから、前足を乗せたら迷わず軸を倒しましょう。

勢いよくバンと入るとスピードが落ちてしまうので、慣れてきたらできるだけソフトに入れるようになると加速できるようになります。

①体の軸の倒し方
前足を踏んで軸を倒す

前足を踏み込んでRの中に入っていきましょう。勢いよくバンと入るとスピードが落ちてしまうので、慣れてきたらできるだけソフトに入れるようになると加速できるようになります。

棒立ちだと軸が残って少しバランスを崩しただけでコケる

2つのポイント
① 体の軸の倒し方
② ひざを柔らかく使う

132

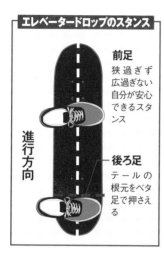

エレベータードロップのスタンス

前足
狭過ぎず広過ぎない自分が安心できるスタンス

後ろ足
テールの根元をベタ足で押さえる

進行方向

②ひざを柔らかく使う
まっすぐ体を沈める

最初は勢いを吸収するように、小さくなってドロップインすると恐怖感がなくなります。ひざが突っ張っているとバランスが取れないのでひざを柔らかく使いましょう。

滑り下りる勢いを吸収するようにひざを柔らかく使って沈み込むと怖さが和らぐ

POINT ①

POINT ②

How to SK8 くまトレ 赤熊寛敬
動画で Check!!
行くと決めたら行ってください!
エレベータードロップ・インターフェーキー

https://www.youtube.com/watch?v=JdqDvXZGTuY

133

Axle Stall

アクスルストール

コーピングに前後のトラックをかけるのがアクスルストール。
頭がコーピング上になるポジションを目安にするといいだろう。

アクスルストールのスタンス

前足
狭過ぎず
広過ぎない
自分が安心
できるスタ
ンス

後ろ足
あまりテー
ルの端にな
らないよう
に注意する

進行方向

How to SK8
くまトレ
赤熊寛敬

動画で Check!!
テールロック・アクスルストールで
ミニランプが何倍も楽しくなる！

https://www.youtube.com/watch?v=Qu2KNqGUimI

POINT
①トラックのかけ方
トラックをかけてから回す

後ろトラックはかかと側をか
けるのがポイントです。ほぼ直
角にアプローチして、後ろトラ
ックが乗り上がったところで
90度曲げるイメージです。

曲がってから乗り上げようと
するとバランスを崩しやすいの
で注意しましょう。

NG

曲げてから乗ろうとすると
体が流れて安定しない

トラックをかけるときに、前トラックはどこをかけても構いませんが、後ろトラックは浅めにかかと側をかけるようにしましょう。コーピングへのアプローチは、まっすぐに入ったところから板を引き上げるようにターンするイメージを持ちましょう。

2つの**ポイント**
① トラックのかけ方
② Rへの戻り方

POINT ①

NG

深くかかったままで戻ろうとすると後ろのウィールが引っかかって危険

POINT ②

POINT ② Rへの戻り方

深くかかったら、一度、横にズラしてから戻る

後ろトラックが深くかかってしまった場合は、一度、横にスライドさせて浅くしてから戻るようにしましょう。重心を慌てて戻すのではなく、自然に軸がRの中に落ちてきたら戻るようにするのがポイントです。

バックサイド
50-50グラインド

BS 50-50 Grind

アクスルストールの応用トリック。バックサイドの方がやりやすいので、
まずはバックサイドができるようになってからフロントサイドに挑戦しよう。

POINT ① 入る角度

80度くらいでエントリーする

最初は80度程度のアプローチ角度で入るとやりやすいでし
ょう。カーブしながら斜めに入るのではなく、まっすぐ気味に入
ったところから、コーピングで横に曲げるイメージです。これに
よって、重心が乗るか乗らないかが決まる重要なポイントです。

NG

一気にバキンと曲がらないとプラット
ホームに乗り上げてしまう

動画で Check!!

ミニランプBS50-50グラインド
ミニランプと友達になる!

https://www.youtube.com/watch?v=QGB-OJ1oPdA

80°

POINT ①

BS50-50は、体の使い方のポイントもアクスルストールと共通する部分が多く、アクスルストールを100％マスターしていれば、すぐにマスターできるでしょう。

3つの**ポイント**
① 入る角度
② 上半身の向き
③ Rへの戻り方

BS50-50グラインドのスタンス

前足
スタンスは肩幅程度。狭い方がやりやすい人もいるので試してみよう

進行方向

後ろ足
ベタ足でテールの根元に置く

POINT
② 上半身の向き
肩が入り過ぎないように注意

コーピング上では、上体を進行方向に向けることが大切です。開き過ぎる人はいないかもしれませんが、前の肩が入ってしまうとRに戻るときに背中から落ちて非常に危険です。

POINT
③ Rへの戻り方
体からRに戻る

アクスルストール同様、体を先行させて戻ります。かかと側のウィールが深くかかっていると引っかかりやすいので浅めにかけるのがポイントです。

NG

後ろのトラックが深くかかると戻りにくくなる

POINT ③

POINT ②

FS 5-0 Grind

フロントサイド
5-0グラインド

5-0（ファイブ・オー）はテール側のトラックだけでグラインドをするトリック。
怖がらずにコーピングの上に立つことが大切。

POINT ①

POINT ②

POINT ③

レッジトリックでFS5-Oグラインド（P.90参照）を紹介しましたが、ランプの場合は少しやり方が変わります。最初はまっすぐめにアプローチすることでコーピングに乗りやすくなります。

（P.90参照）

3つの**ポイント**

1. アプローチの角度
2. 上半身を先行させる
3. 足の裏全体で押す

POINT ① アプローチ角度
まっすぐ入るとやりやすい

FS5-Oはアプローチの角度が重要です。最初は80度程度でまっすぐめに入ると乗りやすくなります。慣れてきて、思い切り流したくなったら少し斜めに入るといいでしょう。

POINT ② 上半身を先行させる
目線→上体→足→板

FSターン（P.126参照）のように、コーピングに入る前に上半身を開き、その後でトラックを乗せていきましょう。先に板が乗ると滑りません。

（P.126参照）

POINT ③ 足の裏全体で押す
ベタ足のまま押して行く

グラインドするときは、足の裏全体で押していましょう。エレベータードロップのベタ足のまま、トラックのハンガー全体に力が入るようにテールを押し出しましょう。

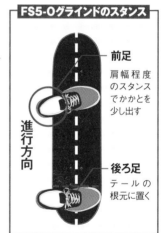

FS5-Oグラインドのスタンス

進行方向

前足
肩幅程度のスタンスでかかとを少し出す

後ろ足
テールの根元に置く

NG

つま先だと板が押せずに安定しない

How to SK8 くまトレ 赤熊寛敬

動画で Check!!
FS5-Oグラインド
コーピングを流すコツ！

https://www.youtube.com/watch?v=jwT7mjOKDyo

Faiky Disaster

フェーキーディザスター

**通称、フェーキーポップロック、ガムチョップなどとも呼ばれているトリック。
これができるようになるとランプトリックの幅が大きく広がる。**

フェーキーしたところから、後ろのウィールをコーピングに当ててディザスター（板をかける）をするのがフェーキーディザスターです。

コーピングに当てる角度がポイントになります。戻るときに後ろのトラックが引っかかると危険なので、ノーズをしっかり踏み込んで戻るようにしましょう。

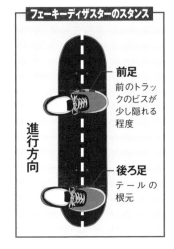

フェーキーディザスターのスタンス

前足
前のトラックのビスが少し隠れる程度

後ろ足
テールの根元

進行方向

3つのポイント

① コーピングの当て方
② 上半身の使い方
③ Rへの戻り方

POINT

① コーピングの当て方

強めに当てて深く入る

フェーキーディザスターでは、コーピングに当てる方向が大切です。プラットホームに乗るイメージで少し斜め上に向かって当てましょう。強めに当てて深く入るイメージを持つといいでしょう。前足は自然にかかるので心配は無用です。最初から大きく飛ぶ必要はないので、慣れるまではコンパクトにジャンプで構いません。

NG

上に向かって当てると体がまくられる

POINT ② 上半身の使い方

② 上半身の使い方
ふんわり跳ぶ

跳ぶときのポイントは、上半身をふんわり使って軽く浮くことです。力まずにふんわり跳びましょう。

③ Rへの戻り方
ノーズを落とすように戻る

戻るときは、エレベータードロップのように、ノーズを落とすようにRに戻ります。ノーズをしっかり真下に踏んで後ろのウィールがかからないようにしましょう。

戻るときに後ろのウィールが引っかかると危険

How to SK8 くまトレ 赤熊寛敬

動画で Check!!
気持ちの良いリズムでフェーキー
ポップロック・ガムチョップ

https://www.youtube.com/watch?v=v7e_TfLKKDI

本書では、初心者からスケートボードを楽しめるように、ベーシックなトリックを中心に紹介してきました。もちろん、これが全てではありません。これらのトリックをベースに、様々なトリックに発展することができます。

スケートボードの楽しみ方は、人それぞれ自由です。スケートボードには、人生を豊かにするヒントがたくさんあると言っても過言ではないでしょう。読者の皆さまが、自分のライディングを見つけて、さらにスケートボードを好きになっていただければ光栄です。

早川 大輔

スケートボードの楽しみ方は人それぞれで無限大。どのようにスケートボードに向き合うかはあなた次第、どれも間違いではありません。

だからこそ自分のスタイルを見つけて自分に合ったジャンルやトリックを身につけることで楽しさが何倍にもなっていくはずです。コンテストを目標にするもよし、自分越えに挑戦でもよし、とにかく楽しむ気持ちを忘れずに滑り続けてください。本書がそのお手伝いになれたら嬉しいです！

赤熊 寛敬

著者プロフィール ——————————————— *Profile*

早川 大輔
（はやかわ・だいすけ）

1974年東京都出身。TOKYO2020オリンピックスケートボード日本代表コーチ。プロスケーター。13歳からスケートボードを始め、19歳で渡米し、本場アメリカのスケートボードに魅了されプロスケーターを目指す。日本で自身のブランドを始め、日本のスケートシーンを牽引してきた。少年時代の堀米雄斗と出会い、その才能を早くから評価。彼の夢を実現するためにサポートを行い、見事金メダルという結果を残した。日本のスケートボードカルチャーを少しずつ育ててきた早川の思いは、堀米をはじめとする現在の若手スケーターたちに受け継がれている。

赤熊 寛敬
（あかぐま・ひろたか）

1977年東京都出身。プロスケーター。裏千家茶道准教授。古流松濤派華道副家元。11歳でスケートボードを始め、1994年AJSAアマストリート優勝を機にプロ転向。その後、数々のスケートボード専門誌にて"Skater of the Year"などの賞を受賞。多くのハードウェア、ベアリング等のブランド立ち上げアンバサダーを務める。楽しんで滑ること、見る人を楽しませることをモットーに活躍中。スポンサー：Toymachine(K&Kコーポレーション)、Emerica(Sonik Distribution)、Mastermind、Dostech、escapo、athlete hemp、Stance、Instant skateboard shop

---

How to SK8 くまトレ 赤熊寛敬

動画で Check!!
くまトレ動画　ホームアドレス
https://www.youtube.com/くまトレ

スタッフ ——————————————— *Staff*

Photos	小山 眞一郎（*Creative United*）
Cover Design	MESSA
Illustrations	村上 サトル
Planning & Edit	権藤 海裕（*Les Ateliers*）
Contents Design	LA Associates

特別協力 ——————— *Special Thanks*

インスタント スケートボードショップ
Sonik distribution
塩浜第2公園スケートパーク

コツが身につく
スケートボード

2021 年 12 月 31 日　初版第 1 刷発行

著　者 ····· 早川大輔　赤熊寛敬
発行者 ····· 滝口直樹
発行所 ····· 株式会社マイナビ出版
　　　　　　〒 101-0003　東京都千代田区一ツ橋 2-6-3 一ツ橋ビル 2F
　　　　　　電話 0480-38-6872（注文専用ダイヤル）
　　　　　　　　 03-3556-2731（販売部）
　　　　　　　　 03-3556-2735（編集部）
　　　　　　URL　https://book.mynavi.jp/

印刷・製本 ·············· 中央精版印刷株式会社

ISBN978-4-8399-7864-8
©2021 Daisuke Hayakawa Hirotaka Akaguma
Printed in Japan